100
COISAS QUE LÍDERES DE SUCESSO FAZEM

Nigel Cumberland

100 COISAS QUE LÍDERES DE SUCESSO FAZEM

Tradução
Ivar Panazzolo Junior

Copyright © 2020, Nigel Cumberland
Título original: 100 things successful leaders do: little lessons in leadership
Publicado originalmente em inglês por Nicholas Brealey Publishing
Tradução para Língua Portuguesa © 2021, Ivar Panazzolo Junior
Todos os direitos reservados à Astral Cultural e protegidos pela Lei 9.610, de 19.2.1998. É proibida a reprodução total ou parcial sem a expressa anuência da editora. Este livro foi revisado segundo o Novo Acordo Ortográfico da Língua Portuguesa.

Editora Natália Ortega
Produção editorial Esther Ferreira, Jaqueline Lopes, Renan Oliveira e Tâmizi Ribeiro
Preparação Letícia Nakamura
Revisão Alessandra Volkert e Luisa Souza
Capa Aline Santos e Renan Oliveira
Foto do autor Arquivo pessoal

Dados Internacionais de Catalogação na Publicação (CIP)
Angélica Ilacqua CRB-8/7057

C975c
    Cumberland, Nigel
      100 coisas que líderes de sucesso fazem / Nigel Cumberland ; tradução de Ivar Panazzolo Junior. -- Bauru, SP : Astral Cultural, 2022.
      272 p.

    Bibliografia
    ISBN 978-65-5566-257-3
    Título original: 100 Things Successful Leaders Do

    1. Autoajuda 2. Negócios 3. Liderança 4. Finanças I. Título II. Panazzolo Junior, Ivar

22 -2932   CDD: 158.1

Índices para catálogo sistemático:
1. Autoajuda

 ASTRAL CULTURAL EDITORA LTDA.

BAURU
Avenida Duque de Caxias, 11-70
8º andar
Vila Altinópolis
CEP 17012-151
Telefone: (14) 3879-3877

SÃO PAULO
Rua Major Quedinho, 111
Cj. 1910, 19º andar
Centro Histórico
CEP 01050-904
Telefone: (11) 3048-2900

E-mail: contato@astralcultural.com.br

Este livro é dedicado ao meu filho Zeb,
à minha enteada Yasmine e a todos aqueles
que desejam se tornar líderes de destaque.
Que cada um de vocês consiga encontrar seu
próprio caminho rumo ao sucesso na liderança.

"Se as suas ações inspiram outras pessoas a sonhar mais, aprender mais, fazer mais e se tornarem mais, você é um líder."

— *John Quincy Adams*

SUMÁRIO

1. Entenda as suas motivações 17
2. Conheça a si mesmo 20
3. Descubra a arte da autoliderança 23
4. Não fique esperando por um cargo com nome imponente 25
5. Use a influência, não a autoridade 28
6. Seja um líder com visão e propósito 31
7. Aja de acordo com o que diz 34
8. Tenha sucesso desde o primeiro dia 36
9. Não é um concurso de popularidade 39
10. Escute com atenção 42
11. Exija excelência 44
12. Defenda aquilo em que acredita 46
13. Domine a arte da política do escritório 48
14. Pense no contexto 51
15. Enxergue com uma perspectiva mais ampla 53
16. Ninguém se torna expert em pouco tempo 55
17. Líderes são pessoas que servem aos outros 58
18. Cuidado com pensamentos enviesados 60
19. Coloque a confiança em primeiro lugar 63
20. Faça entrevistas como um profissional 66
21. Acompanhe as mudanças em um mundo que se transforma com rapidez 69
22. Experimente contratar um coach executivo 71
23. Seja positivo 73
24. O que você está pronto para sacrificar? 75
25. Não diga "sim" quando quer dizer "não" 77
26. Peça e aceite feedback 80
27. Enfrente a resistência a mudanças 82
28. Aprenda com os fracassos 85

29. Não confie em vitórias passadas 87
30. Aprenda, desaprenda, reaprenda 90
31. Procure desafios proativamente 93
32. Prepare-se para tempestades ocasionais na equipe 95
33. Coloque-se no lugar do outro 98
34. Saiba quando é hora de ficar em silêncio 101
35. Aproveite seus pontos fortes 103
36. Confie na sua intuição 106
37. Não despreze as apresentações 108
38. Admita quando estiver errado 111
39. Empodere a sua equipe 113
40. Não despreze conversas despretensiosas 115
41. Aprenda a delegar 118
42. Estimule a sua curiosidade infantil 120
43. Pegue no batente 122
44. Desenvolva seus sucessores 125
45. Oriente-se pelos resultados 127
46. Coloque as pessoas certas nas funções certas 129
47. Oriente a sua equipe com cuidado 132
48. Persista quando os outros desistirem 135
49. Controle-se 137
50. Mantenha seus valores no centro de tudo 140
51. Otimize tudo 143
52. Verifique seus sentidos antes de agir 145
53. Ande de cabeça erguida 147
54. Deixe os outros brilharem 149
55. Faça o microgerenciamento com sabedoria 151
56. Espalhe otimismo 153
57. Quando alguém cair, ajude-o a se levantar 155
58. Nada de ladainhas 157
59. Não se esqueça da saúde 160
60. Seja ousado e destemido 162
61. Olhe além do resultado financeiro 165
62. Seja um mentor excelente 168
63. Quebre regras 171
64. Aceite o fato de que a solidão pode surgir 173
65. Tome as decisões corretas 175
66. Exerça a função de pacificador 177

67. Explique as responsabilidades com clareza.................... 180
68. Tenha um espírito empreendedor................................ 183
69. Pense globalmente.. 185
70. Lide com imprevistos.. 187
71. Contemple o futuro... 189
72. Escolha com cuidado os modelos que vai seguir............ 191
73. Desça do salto... 193
74. Encare as tempestades com coragem............................ 195
75. Valorize a diversidade e a inclusão............................... 198
76. Lidere com a linguagem corporal.................................. 201
77. Deixe a sua "porta aberta"... 203
78. Conheça culturas diferentes para não cometer gafes..... 205
79. O cliente sempre vem em primeiro lugar...................... 207
80. Escolha suas palavras com cuidado............................... 209
81. Motive os membros de sua equipe para preservá-los.... 212
82. Sempre entenda os números... 215
83. Abrace a tecnologia.. 218
84. Negocie seu caminho rumo ao sucesso........................ 221
85. Demita-se em nome do que acredita, se for necessário.... 224
86. Cresça além do esperado... 227
87. Não ignore o "elefante" no meio da sala....................... 229
88. Desapegue-se do que você não precisa mais................. 232
89. Não há tempo a perder... 234
90. Prepare-se para fazer o impossível............................... 237
91. Lidere equipes remotas com cuidado........................... 239
92. A idade é só um número... 242
93. Gerencie o seu chefe... 245
94. Nunca se enalteça abertamente.................................... 247
95. Crie uma cultura de trabalho incrível........................... 249
96. Seja real e autêntico... 252
97. Afaste-se antes de ser empurrado para fora................. 254
98. Passe o bastão.. 257
99. Continue liderando.. 260
100. Deixe um legado sustentável.. 263
E finalmente.. 265
Bibliografia... 266

INTRODUÇÃO

"Todos os seus pensamentos, ações e palavras ao longo da vida prepararam você para se tornar a liderança que é hoje."

Está disponível para começar sua jornada na liderança? Ótimo. Você escolheu o livro perfeito para lhe servir como guia. Esta obra vai ajudar você a dominar os principais hábitos, habilidades e modos de agir para que consiga atuar com excelência em quaisquer funções de liderança que vier a exercer.

A liderança existe de várias formas e tamanhos — desde liderar um grupo voluntário à noite, administrar uma equipe esportiva infantil aos fins de semana ou ser chefe de uma família grande e cheia de atribuições, até assumir um cargo de gerência ou supervisão, abrir sua primeira startup, na qual você será a única pessoa a gerenciar, ou como CEO de uma das maiores empresas do mundo.

Não importa se é grande ou pequena, trivial ou importante; liderança é liderança. A arte de inspirar, organizar e motivar seus filhos no ambiente familiar não está tão distante de ser membro do conselho executivo de um dos maiores grupos empresariais do planeta.

O fato de você estar lendo este livro e querer reforçar seu conhecimento e suas capacidades sobre liderança é algo fantástico. Há um mundo inteiro lá fora à espera de que você se transforme no melhor líder que puder.

A necessidade de melhores lideranças está por toda parte:

- Governos lutam para encontrar um foco para liderar, não somente suas comunidades e países, como a si mesmos. Muitos têm dificuldades até mesmo para completar seus mandatos;
- Empresas de todos os tamanhos precisam enfrentar desafios, complexidades e concorrência tão grandes que suas equipes gerenciais têm dificuldades para conseguir bons resultados;
- Equipes esportivas lutam para encontrar consistência, com muitos times trocando frequentemente seus técnicos e treinadores;
- Setores públicos encaram desafios, em parte, pela falta de verbas, para lidar com questões como sistemas educacionais fracos e hospitais no limite de suas capacidades;
- Escândalos nos fazem lembrar de lideranças fracas em nossas próprias comunidades — desde a igreja passando por uma crise até unidades familiares que vivem em clima de guerra.

Quando você pensa em uma liderança de sucesso, quem vem à sua mente?
Talvez sejam pessoas com funções de lideranças muito visíveis, formais e até mesmo grandiosas como Sir Richard Branson. Talvez as pessoas que inspirem você ocupem funções de menor prestígio, mas ainda assim cruciais, tais como o seu chefe, um antigo coordenador pedagógico, o presidente da associação de moradores do seu bairro, o síndico do prédio, algum vereador ou congressista, seu sócio ou cônjuge. As cem lições neste livro foram projetadas para transformar você no exemplo de liderança que as outras pessoas vão admirar e com quem vão querer aprender, também.

Orientei centenas de líderes que trabalhavam em organizações diversas, desde a Organização das Nações Unidas (ONU), o Banco Mundial, bancos e empresas multinacionais até startups locais de tecnologia, governos, escolas e ONGs como a Teach for India. Escutei praticamente todas as aspirações e todos os sonhos de liderança que se é capaz de imaginar. Ouvi muitos desafios e dificuldades que você provavelmente vai enfrentar quando assumir um cargo de liderança.

A principal lição que extraí de tudo isso é simples: uma quantidade enorme de pessoas não exercita todos os aspectos do seu arsenal de ferramentas, o que resulta em habilidades e vantagens subutilizadas. Ao mesmo tempo, essas pessoas se apegam a fraquezas que as impedem de progredir. Mas não é o seu caso. Ler este livro é uma oportunidade de refletir sobre si mesmo, de ter tempo para ponderar como você deseja crescer e se desenvolver como líder, de criar seguidores e futuros líderes, e explorar como deseja ser lembrado por aqueles que liderou.

Trate este livro como um companheiro fiel. No decorrer de cem capítulos, você vai aprender a identificar as peças que precisa encaixar para alcançar suas ambições de liderança. Você vai explorar o significado da liderança por meio de tópicos que incluem:

- Autoliderança;
- Suas motivações;
- Estilos de liderança;
- O mindset e os comportamentos de um líder;
- Pensar e se comunicar como líder;
- Motivar e inspirar seguidores;
- Lidar com os desafios da liderança;
- Liderar em meio a mudanças;
- Criar líderes e abrir espaço para eles.

Como usar este livro

Cada capítulo traz uma nova ideia para ajudar você a chegar mais perto dos seus objetivos. Em cada tema abordado, as ideias são apresentadas e explicadas na primeira página. Na sequência, você confere exercícios e atividades para começar a praticar hoje mesmo.

As tarefas apresentadas foram criadas especificamente para prepará-lo com a melhor atitude, os melhores hábitos, habilidades, relacionamentos e modos de agir necessários para maximizar suas chances de alcançar o sucesso na liderança. Algumas vão surpreendê-lo, outras vão desafiá-lo e outras vão até mesmo parecer simples e óbvias. Todas são importantes para construir o portfólio de habilidades de que você precisa para se tornar um líder talentoso. Completá-las vai colocá-lo no caminho certo para desenvolver tanto um mindset de liderança como listas de tarefas focadas no ato de liderar. Não são objetivos fáceis de se conquistar, e poucas pessoas estão dispostas a investir seu tempo e esforço. Mas líderes de sucesso fazem isso.

Quem sou eu para falar sobre líderes de sucesso?

Este livro se baseia no conhecimento que adquiri depois de atuar como orientador e mentor de líderes espalhados por todo o mundo nos últimos vinte anos. De CEOs globais até empreendedores com dificuldades, passando por líderes do setor público e instituições filantrópicas até gerentes de primeira viagem que davam seus primeiros passos em carreiras de liderança, todos têm algo para compartilhar sobre a jornada de se tornar um líder incrível. A experiência dessas pessoas combina com a minha própria sabedoria, conquistada mediante altos e baixos incrivelmente pessoais na área de liderança.

01

ENTENDA AS SUAS MOTIVAÇÕES

> *"Algumas pessoas passam a vida inteira querendo ser líder. Outras pessoas são forçadas a se tornarem líderes, mesmo que seja a última coisa que desejem."*

Pense em uma ocasião em que você aceitou responsabilidades de liderança. O que fez com que você concordasse com isso? Você aceitaria essas responsabilidades outra vez? É possível que tenha aceitado a função devido a uma combinação de motivos. Algumas delas provavelmente vieram de dentro, forçando-o a levantar a mão para liderar, enquanto outras, de fatores externos, como as situações que você enfrentou ou a pressão exercida por colegas de trabalho, impelindo-o a assumir o controle.

Quando oriento líderes experientes, pergunto por que se tornaram líderes. E muitas das respostas talvez sejam familiares.

Razões que vêm de dentro	Razões que vêm de fora
• Gosto de estar no controle. • É muito ruim não fazer nada, passivamente. • Não gosto de ser liderado por outras pessoas. • Alguém tinha de fazê-lo. • Desejava um salário maior, por isso aceitei a oportunidade de liderar. • Por ser o mais velho entre os meus irmãos, sempre fui líder. • Não suporto receber ordens. • Adoro ajudar pessoas.	• Não havia mais ninguém para liderar o projeto, então me ofereci. • Meus superiores imploraram que eu me oferecesse para a vaga de gerência. • Por ser mulher, fui estimulada a assumir a vaga como um programa de diversidade de gênero. • Eu estava sob uma pressão enorme dos meus pares.

> - Quero e me sinto muito bem fazendo mudanças, senti que isso seria possível por meio da liderança.
>
> - Não tive escolha, pois eu era a única pessoa em condições de assumir o posto. Senti vontade de dizer "não", mas fiquei com receio de recusar a promoção.

Para ser um líder de sucesso, é preciso entender o porquê de você ter aceitado responsabilidades de liderança. Pode ser que você não goste das razões. Talvez todos os estímulos tenham vindo de fora, e não de dentro. Mas, ao se compreender de maneira adequada as suas motivações, você pode decidir como vai exercer e ter bons resultados em um cargo de liderança.

ENTRE EM AÇÃO

Você é naturalmente um líder ou um seguidor? Qualquer que seja a resposta, talvez seja preciso ajustar seus instintos naturais para conseguir dar o melhor de si.

Controle a necessidade obsessiva de liderar

As coisas que o impulsionam rumo à vontade de liderar são suas motivações intrínsecas, compostas por personalidade, ego, motivações e necessidades internas. Se você sempre se sentiu entusiasmado a assumir a liderança, isso pode indicar que é uma pessoa ambiciosa e que vai se apresentar quando a oportunidade surgir. Mas nem sempre se trata de algo bom. O impulso em questão pode lhe fazer assumir responsabilidades de liderança antes de sentir que está pronto ou que é capaz. Você corre o risco de falhar só porque não estava com disposição de esperar até ter mais experiência.

Supere a relutância em liderar

Você pode enfrentar o problema oposto e não ter o desejo de liderar, muito menos ter vontade de se destacar. Não há nenhum problema nisso, desde que você consiga evitar cargos de liderança, caso contrário, torna-se um obstáculo enorme se você for forçado a assumir a responsabilidade. Nunca é uma boa ideia esperar até ser jogado na piscina para aprender a nadar. Assim, aproveite a oportunidade para se instruir de modo antecipado sobre tópicos com os quais você não se sinta tão confortável. E tome conscientemente a decisão de ter mais assertividade na superação das suas preocupações.

Não se curve a pressões para aceitar cargos
Até mesmo os melhores líderes recusam novas atribuições e responsabilidades de vez em quando. Claro, pode haver fatores extrínsecos persuasivos. Nunca sinta receio de contrariar as pessoas que estão pressionando-o. Decida se você se sente pronto e se quer as responsabilidades adicionais, assim como o consequente reconhecimento, antes de aceitar qualquer coisa.

02

CONHEÇA A SI MESMO

> *"Pode ser desconfortável olhar-se profundamente no espelho, refletir e agir sobre a pessoa que está ali, encarando você."*

O primeiro passo para poder liderar é entender quem você é. Essa conexão entre conhecer a si mesmo e liderar outras pessoas é baseada no que defino como as quatro verdades:

1. Para entender de verdade outro ser humano, você deve, antes de tudo, conhecer a si mesmo;
2. Para liderar alguém com sucesso, você deve compreender quem é essa pessoa e o que a motiva;
3. A capacidade de liderar é construída sobre a capacidade de liderar a si mesmo;
4. Uma autoliderança de sucesso só é possível quando você entende a si mesmo.

Essas quatro conexões são demonstradas visualmente a seguir:

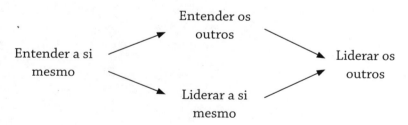

Este capítulo se concentra na primeira dessas conexões; as outras são exploradas nos capítulos posteriores. Todos nós achamos que nos conhecemos bem, mas na verdade isso acontece com poucos. Trabalho com muita gente e raramente converso com alguém que compreende por completo todos os seus pontos fortes, bem com os pontos fracos, hábitos, necessidades, impulsos, desejos, motivações e valores ou as características de sua personalidade, sentimentos, emoções, vieses, padrões de comportamento e pensamento.

Há pessoas que não têm o menor desejo de reconhecer, e menos ainda de entender, por que ficam irritadas e impacientes, sentem inveja, ou têm medo de dizer o que pensam. E não conseguir compreender o que mexe consigo é perigoso. Quando não se entende a si próprio, corre-se o risco de julgar outras pessoas erroneamente, chegar a conclusões equivocadas e ser insensível em relação às fraquezas alheias. Se você acha que é perfeito, provavelmente vai colocar a culpa em outras pessoas quando as coisas não funcionarem conforme o planejado. Agir dessa maneira vai fazer com que você se torne um líder repulsivo.

ENTRE EM AÇÃO

Encare suas limitações, não importa quanto sejam sombrias
Ninguém está pedindo que você exponha todas as suas fraquezas e maus hábitos para todos verem. Apenas aja de modo honesto consigo e reconheça o seu próprio conjunto de padrões e comportamentos desejáveis e indesejáveis.

O primeiro passo para isso é observar a si mesmo com a mente aberta. Tente escrever um diário e fazer algum dos muitos testes gratuitos de personalidade disponíveis na internet, como o *16 Personalities*. Outra tática é perguntar aos seus amigos, familiares e colegas de trabalho mais próximos. Explique que você quer ser uma pessoa melhor e que eles podem ajudá-lo a entender alguns dos seus pontos fortes e fracos. É importante haver honestidade nas respostas. Por isso, assegure-se de que eles saibam que você quer a verdade, mesmo que tenham receio de causar mágoa. Se você não sabe ao certo quais perguntas fazer, escolha algumas das sugeridas abaixo. Faça as perguntas a si mesmo também, e registre as respostas em seu diário. Compare-as com aquelas fornecidas por colegas, familiares e amigos.

- Quando as coisas não acontecem da maneira que eu esperava, como reajo?
- O que parece me causar irritação, mau humor ou me faz agir negativamente?
- Quando estou estressado e irritado, como costumo agir e me comportar?

- O que me causa ciúme e inveja, e como demonstro isso?
- Como trato outras pessoas quando estou de bom humor? E como as trato quando estou de mau humor?
- O que você mais gosta e admira em mim?
- O que mais irrita você com relação ao meu jeito de ser?
- Qual seria um hábito ou comportamento que eu deveria mudar para me tornar uma pessoa melhor?

03

DESCUBRA A ARTE DA AUTOLIDERANÇA

> *"Antes de liderar outras pessoas com sucesso, coloque a sua casa em ordem."*

A pessoa mais difícil do mundo que você vai ter de liderar e administrar, acredite se quiser, é você mesmo. Lavar os pratos todos os dias é a analogia perfeita para o conceito de liderar bem a si mesmo. Não é uma tarefa difícil de fazer. Mas você faz o que precisa ou simplesmente deixa para outra pessoa?

Como líder, pode ser mais fácil mandar que outras pessoas façam as coisas que você não quer fazer. Ao lidar com os colaboradores de uma empresa, você pode empregar todos os tipos de estilos e ferramentas de liderança — desde motivar e encorajar até forçar e fazer ameaças.

Quando está sozinho, a única coisa que você pode fazer é conversar com sua mente. E o seu sucesso depende de força de vontade, determinação e comprometimento. Se programou o despertador para acordar cedo em um dia cheio de afazeres, você salta da cama conforme o planejado ou fica pressionando o botão de soneca várias vezes?

A autoliderança é o primeiro nível de liderança. E, se você sente dificuldades para liderar a si mesmo, isso não é um bom indicador sobre a sua capacidade de alcançar bons resultados com os outros tipos de liderança que vou mostrar na sequência deste livro.

Você nunca vai conseguir liderar bem e consistentemente outras pessoas, líderes ou uma organização inteira se não for capaz de liderar a si mesmo. É por isso que agora é a hora de colocar a sua própria casa em ordem.

Liderar a si mesmo	Liderar outras pessoas	Liderar líderes (e suas equipes)	Liderar organizações e empresas

ENTRE EM AÇÃO

Elabore um plano de autoliderança

Autoliderança envolve administrar como você age, se comporta, se comunica e como usa o tempo. Ela abrange cada aspecto de como você fala, instrui, critica e trabalha consigo. No mínimo, é preciso do seguinte:

- Garanta que irá se lembrar de quaisquer metas e tarefas que preparou para si e de trabalhar para ser capaz de finalizar o que disse que faria;
- Mantenha hábitos bons e saudáveis, ao mesmo tempo que trabalha para eliminar quaisquer hábitos indesejáveis;
- Motive a si mesmo, tentando fazer coisas de que gosta e que lhe trarão satisfação ao serem completadas;
- Aprenda a dizer "não" quando necessário;
- Controle as suas emoções e como você se comunica com outras pessoas;
- Seja consistente a respeito de como você lidera a si mesmo e de como lidera os outros. Como exemplo, se quiser que a sua equipe seja mais criativa, pontual ou que tenha a mente mais aberta, você deve exibir essas mesmas qualidades;
- Seja gentil, sincero e positivo consigo. Sempre haverá aqueles dias em que você cometerá erros, se esquecerá de terminar uma tarefa ou irá dizer a coisa errada. Quando isso acontecer, não seja tão crítico ou severo com você mesmo.

Encontre alguém que o ajude a trabalhar e melhorar suas próprias competências de autoliderança. Compartilhe com um amigo próximo ou colega de trabalho de confiança os seus objetivos e as suas ações com relação aos aspectos que deseja melhorar, e peça a essa pessoa que observe, estimule e desafie você a se manter fiel ao plano.

04

NÃO FIQUE ESPERANDO POR UM CARGO COM NOME IMPONENTE

> *"A verdadeira liderança não começa com um cargo com um nome de prestígio, uma sala luxuosa, um carro da empresa ou um título para um clube exclusivo."*

Se você só começar a ser um líder quando tiver um cargo que inclua a liderança no nome, isso é um sinal de que esperou demais e perdeu uma oportunidade de ouro para desenvolver e praticar suas habilidades no decorrer da vida e da carreira. Quanto mais cedo começar a praticar, mais cedo vai conseguir dominar a arte de ser líder.

Nos vários cargos e funções que exercer antes de se tornar formalmente um gerente, haverá muitas oportunidades para exibir liderança. Tais oportunidades existem em vários formatos e tamanhos e podem ser exercidas em casa, na escola, na faculdade e na comunidade, assim como no local de trabalho. A liderança acontece quando você:

- Enfrenta um problema que outras pessoas na sua família vêm evitando;
- Organiza reuniões com os clientes quando o seu chefe está de férias;
- Assume informalmente a liderança de um grupo de trabalho quando ninguém foi designado como líder;
- Cuida de todos os pormenores das férias da sua família;
- Organiza um campeonato esportivo para clubes universitários e sociedades.

Esses exemplos são apenas algumas das maneiras pelas quais você pode liderar sem dispor de uma autoridade formal, e todas lhe darão experiência prática de liderança. A liderança informal pode até mesmo ser praticada por meio de tarefas menores, como organizar uma lista de cobranças financeiras para um colega de trabalho ou sair com a equipe para comemorar o sucesso depois de um projeto estressante.

Bons líderes sabem que a prática de fato leva à perfeição, e que a prática deve começar assim que possível por meio de oportunidades informais de liderança. E isso, sem dúvida, vai resultar em um cargo oficial de supervisão ou gerência posteriormente.

ENTRE EM AÇÃO

Vença a sua relutância em liderar de modo informal

Sempre aproveite as situações em que surja a oportunidade de liderar e que você saiba que ela é adequada para você. Sentir-se nervoso e relutante é compreensível e comum; sua mente vai produzir uma quantidade enorme de possíveis razões pelas quais é melhor não assumir uma oportunidade do tipo. Exemplos clássicos incluem:
- Pensar que vai ser repreendido ou ridicularizado;
- Sentir que não é a sua responsabilidade ou que não é apropriado agir;
- Sentir que você não é capaz e vai fracassar;
- Preocupar-se com a possibilidade de parecer ansioso ou exposto demais;
- Recear que o seu chefe ou um colega mais experiente se ofenda;
- Preocupar-se com a possibilidade de que seus colegas de trabalho sintam inveja ou ciúme.

Pense de maneira objetiva e honesta acerca de quaisquer preocupações que possa ter. Pergunte a si mesmo se são apenas desculpas devido ao desconforto de ter de fazer algo pela primeira vez ou que parece fora do comum, ou se a preocupação é válida e você tem razão em agir com cautela.

A liderança informal faz com que você seja notado

Aja no trabalho como se estivesse em um centro de avaliação de lideranças, em que possíveis novos contratados ou membros do alto escalão são testados e avaliados em função do seu potencial de liderança e recebem exercícios nos quais observadores analisam quem age como líder informal quando nenhuma liderança é designada de maneira formal.

Os indivíduos mais impressionantes são aqueles que compreendem a situação em que se encontram e assumem a liderança adequada na atividade, na discussão, no projeto ou na tarefa. Tais pessoas vão marcar mais pontos e têm chances maiores de contratação ou promoção. É exatamente assim que você deve agir no seu local de trabalho. Além de fazer com que seja notado e lhe possibilite praticar a liderança, também vai ajudá-lo a decidir se você quer mesmo assumir um cargo formal no futuro.

05

USE A INFLUÊNCIA, NÃO A AUTORIDADE

> *"É possível saber quando você influenciou alguém de modo bem-sucedido: isso acontece quando a pessoa em questão convence as demais a seguirem aquilo que você diz."*

O que é mais importante: influência ou autoridade? Líderes inexperientes costumam pensar que ser um gestor significa não precisar mais exercer influência, porque pode conseguir o que quer usando a autoridade. Pensar assim é perigoso por dois motivos:
- Sua própria equipe pode dar a impressão de que aceita as suas exigências, mas, se não estiverem felizes e inspirados, provavelmente não estarão motivados e comprometidos de verdade;
- É provável que você venha a trabalhar junto a outros líderes que tenham suas próprias equipes, e você não tenha nenhuma autoridade sobre elas. Você não pode simplesmente dar instruções e ordens a pessoas que não estão subordinadas diretamente a você. Elas não são obrigadas a escutar o que você diz, independentemente da senioridade do seu cargo na empresa.

O seu dia de trabalho típico vai ser preenchido com a necessidade constante de influenciar e convencer pessoas, fazê-las concordar com você, fazer com que cedam ou se alinhem às suas prioridades. Usar a sua autoridade nunca é a maneira certa de fazer com que as pessoas:
- Aceitem seus planos, objetivos, pontos de vista ou opiniões;
- Sigam a sua visão;
- Digam, ajam ou se comportem de determinada maneira.

Líderes de sucesso entendem isso e nunca usam o nome do cargo para impor sua visão. Eles entendem que têm de convencer e persuadir por meio da influência, estimular as pessoas a atender positivamente aos seus pedidos e a acreditar em suas ideias e instruções. A influência discreta, e não a autoridade, é a maneira de conquistar as pessoas e fazer com que adotem sua maneira de pensar.

ENTRE EM AÇÃO

Há algumas habilidades-chave necessárias para dominar a arte de influenciar:

Comunique-se abertamente
Caso queira que uma pessoa desempenhe alguma atividade que ela talvez não tenha tanto interesse em desempenhar, não mande simplesmente um e-mail. Converse com a pessoa em questão. Explique a importância do trabalho e por que você está pedindo que ela o faça. E reconheça os aspectos menos agradáveis da tarefa.

Seja genuinamente inspirador e visionário
Quando pedir a alguém que faça alguma coisa, é importante mostrar o impacto da tarefa solicitada e como ela se encaixa nos planos maiores, no projeto geral ou na visão. Fazendo isso, obterá mais sucesso em inspirar e motivar essa pessoa.

Seja agradável e tenha empatia
É da natureza humana que uma pessoa seja mais facilmente persuadida por alguém de quem goste e admire, que seja gentil e agradável. Torne-se esse tipo de pessoa ao mostrar que você se importa, tentando entender o outro lado. Por exemplo, esforce-se para compreender que a outra pessoa está ocupada ou o motivo pelo qual ela esteja relutante em aceitar determinada tarefa.

Lidere pelo exemplo
É muito difícil convencer alguém a fazer, dizer ou pensar em alguma coisa quando você estiver fazendo o oposto. A reação natural na situação é pensar: "Por que eu deveria fazer o que você me diz?" O ideal é sempre agir como um modelo a ser seguido e emular o que você pede que outras pessoas façam.

Dar e tomar
A reciprocidade é a chave para interações de sucesso. Sempre tente oferecer algo em troca quando pedir a alguém que faça algo por você. Por exemplo, se pedir que alguém trabalhe durante o fim de semana em um projeto urgente de um cliente, ofereça um dia de folga como contrapartida.

Dar ferramentas e apoio
As pessoas são persuadidas com mais facilidade a fazer algo quando você lhes apoia e ajuda. Sempre se assegure de que elas têm as ferramentas e os recursos necessários para completar as tarefas atribuídas.

06

SEJA UM LÍDER COM VISÃO E PROPÓSITO

> *"Somos inspirados a seguir líderes que encontraram seu verdadeiro norte."*

Quais são os líderes que você mais admira? Não importa se é o seu chefe atual ou o anterior, ou uma figura mundialmente reconhecida, como Barack Obama, Richard Branson ou Mark Zuckerberg. É provável que essas pessoas impressionem pela clareza em relação aos rumos que tomam e às criações a que aspiram. É a visão e o senso de propósito delas que são atraentes.

É raro que indivíduos descrevam sua visão ou seu propósito em palavras, mas as organizações fazem isso o tempo todo na forma da declaração de visão. Você já deve ter lido algumas:

- Oxfam: "Um mundo justo, sem pobreza."
- Amazon: "Nossa visão é ser a empresa mais centrada do planeta no que diz respeito ao consumidor; construir um lugar onde as pessoas possam vir e descobrir qualquer coisa que queiram comprar on-line."
- Ikea: "Criar um dia a dia melhor para muitas pessoas."
- Google: "Organizar as informações do mundo e torná-las universalmente acessíveis e úteis."
- TED: "Difundir ideias."

Equipes de liderança criam visões assim em busca de definir para onde a organização deve ir e o que almeja se tornar. Normalmente, a visão de um líder é uma mistura de grandes sonhos, metas audaciosas, aspirações e valores.

Líderes de sucesso sabem que, sem objetivos evidentes, a empresa pode acabar andando em círculos, sendo puxada para diferentes direções.

Isso pode ser, ao mesmo tempo, desmotivador e deprimente. Para evitar a situação, eles trabalham com suas equipes a fim de desenvolver uma visão que vai lhes prover uma compreensão nítida sobre onde devem chegar e o que querem conquistar.

Criar uma visão para a empresa vai fazer com que você se destaque, porque poucos líderes oferecem clareza às suas equipes. Uma pesquisa feita em 2018 pelo instituto Gallup revelou que somente 22% dos funcionários pesquisados concordavam com a ideia de que seus chefes tinham um senso evidente de direção, sugerindo que quatro quintos de todos os chefes não fazem a menor ideia sobre para onde estão indo — ou, pelo menos, nunca pensaram em dizê-lo aos seus subordinados.

ENTRE EM AÇÃO

Crie a sua própria visão estimulante

Crie uma visão como se fosse o primeiro parágrafo de um anúncio de emprego para uma vaga na sua equipe. Ela deve explicar com nitidez o foco e as metas que deseja atingir, como também descrever o que as pessoas devem esperar quando entrarem para a sua equipe. A argumentação deve ser estimulante o suficiente e provocadora para motivar e atrair pessoas que querem trabalhar com você, para que nunca mais procurem outro emprego.

Para ajudar você a elaborar a visão da empresa e da equipe com as melhores palavras, pegue uma folha de papel em branco e anote seus pensamentos:
- Descreva a visão daquilo que você quer criar e alcançar com a sua equipe (no decorrer dos próximos três, cinco ou dez anos);
- Explique como você gostaria que os membros da sua equipe agissem, como trabalhariam com você e também uns com os outros a fim de garantir que a visão seja realizada.

Mantenha tudo bem simples

Resuma suas ideias em uma frase-chave ou *slogan* que você possa usar para vender e fazer com que as pessoas adotem a sua visão geral. Como exemplo, Boris Johnson e sua equipe fizeram isso com grande sucesso quando criaram o *slogan* "Get Brexit done" ("Faça o Brexit acontecer") durante a eleição geral de 2019 no Reino Unido. Compartilhe a sua visão geral com a equipe, pedindo-lhes opiniões e sugestões sobre alterações para que crie uma versão final com a qual todos estejam dispostos a se comprometer e trabalhar para alcançar. E, para usar como lembretes motivacionais, crie pequenos cartões com a visão e entregue uma cópia a cada membro da equipe para que eles a levem consigo ou a coloquem em um lugar visível em suas estações de trabalho. Talvez você queira criar pôsteres com a visão que possam ser espalhados pela empresa.

07

AJA DE ACORDO COM O QUE DIZ

> *"Tenha certeza de que tudo que você faz esteja alinhado. Não pense uma coisa, diga outra e faça uma terceira coisa totalmente diferente."*

Caso peça para sua equipe que aja de uma determinada maneira, mas faça exatamente o oposto do que pediu, não vai demorar muito tempo até que não tenha nenhum funcionário a quem liderar. E não importa se isso aconteça de forma intencional ou acidental. Se um gestor tiver esse tipo de comportamento, irá destruir a credibilidade e a confiança que as pessoas depositam nele. Ninguém gosta de trabalhar com um líder que:

- Diz aos subordinados para serem francos e compartilharem ideias, mas que mantém regularmente informações em segredo;
- Insiste que os colegas cheguem às reuniões na hora certa, mas sempre se atrasa;
- Persuade os membros da equipe a apoiar uma iniciativa que pode afetar toda a empresa enquanto secretamente a enfraquece;
- Fica irritado quando subordinados diretos não verificam o próprio trabalho em busca de erros, mas também não corrige os próprios erros;
- Repreende com rispidez uma pessoa que faz declarações falsas sobre suas despesas de viagem, mas aumenta artificialmente as próprias despesas, por exemplo.

Se já não é óbvio que tais ações são inaceitáveis, pergunte a si mesmo como se sentiria se tivesse de trabalhar com alguém que age dessa maneira. Ninguém gosta de trabalhar com pessoas dissimuladas. E, embora algumas dessas ações possam parecer problemas pequenos, são frequentemente uma indicação de que o líder não tem ética e que age sem integridade em outras áreas mais sérias do seu trabalho.

Líderes de sucesso sempre agem de acordo com o que dizem, alinhando aquilo que pregam com as próprias escolhas, comportamentos e ações.

ENTRE EM AÇÃO

Transforme-se em um modelo admirável a ser seguido
Comece, de modo consciente, a agir como um modelo a ser seguido e definir os padrões de excelência que você gostaria que sua equipe adotasse. Isso deve ser feito de modo que você possa liderar pelo exemplo, demonstrando pessoalmente o que espera dos outros por meio das suas próprias palavras e ações. Se precisar que as pessoas sejam persistentes, mais estratégicas e menos avessas a riscos, então você precisa começar a agir desse jeito. Mesmo que não seja fácil, demonstre que está tentando. Isso vai estimular e motivar sua equipe para tentar emular o seu comportamento.

Seja honesto quando não agir de acordo com o que diz
Pode haver ocasiões em que você tenha de pedir às pessoas para agirem de maneira diferente da sua. Quando isso acontecer, seja honesto. Reflita sobre como a sua equipe vai reagir quando perceber o que está acontecendo e explique os motivos para a situação. Talvez você não seja uma pessoa muito focada em detalhes, mas precisa que a sua equipe dê mais atenção a eles. Diga-lhes o que você precisa que aconteça e admita que tem dificuldades para se concentrar nas minúcias. Quando admite uma fraqueza, você demonstra uma vulnerabilidade. É provável que a equipe responda com manifestações de apoio a você e aos objetivos da empresa, que continuam alinhados devido à sua franqueza.

08

TENHA SUCESSO DESDE O PRIMEIRO DIA

> *"Comece do jeito certo. Prepare o terreno para o que está por vir."*

Seus primeiros dias e semanas em um novo cargo de liderança, particularmente em uma nova empresa, são extremamente cruciais. São eles que vão determinar seu sucesso nos seguintes aspectos:
- Trabalhar com seus novos colegas e membros da equipe. Seu modo de agir e seu desempenho nesse primeiro momento molda como o seu relacionamento profissional com todos os integrantes se forma e se desenvolve. As primeiras impressões são muito importantes, e a maneira como você se adapta ao novo cargo tem influência nas percepções e nas expectativas das pessoas em relação a você;
- Conquistar seus objetivos e metas. Os insights e o conhecimento conquistado no início da jornada vão determinar como você vai se adequar ao seu cargo e às suas características inerentes. Compreendê-lo da forma correta lhe fornece a capacidade de executar suas tarefas da melhor maneira.

Uma transição de sucesso para qualquer novo cargo de liderança envolve bastante reflexão. Além disso, não é recomendado entrar de cabeça em novas tarefas e interações sem o devido cuidado e atenção. Se fizer isso, há um grande risco de cometer erros simples, de não ter o desempenho esperado e até mesmo de criar inimizades. No início, simplesmente:
- Escute. Não fale muito ou compartilhe um monte de opiniões sobre como as coisas podem ser melhoradas e como eram mais positivas na sua empresa anterior;

- Dê uma chance às pessoas. Não se apresse para julgar o desempenho de um indivíduo sem analisar de modo integral todo o contexto e o histórico recente;
- Esteja disposto a se ajustar. Observe as normas da cultura de trabalho da sua nova organização e adapte sua maneira de agir de acordo com elas;
- Absorva tudo. Você não precisa criar uma boa impressão instantânea concordando com todo mundo e dizendo "sim" toda vez que lhe pedirem para fazer alguma coisa. Use o tempo para observar as particularidades dos problemas, do seu cargo e daquilo com o qual de fato está se comprometendo a fazer.

Líderes de sucesso conhecem a importância de parar e refletir para minimizar equívocos com relação ao que está acontecendo ao redor.

ENTRE EM AÇÃO

Encare o processo de onboarding de maneira estruturada

Onboarding, ou o processo de assumir um novo cargo em uma nova organização, deve ser tratado como um projeto complexo que demanda a sua atenção total e um planejamento cuidadoso. Deixe de lado todas as suas experiências passadas e suposições. E disponha-se a reconhecer que você não vai saber de tudo logo no primeiro dia.

Escute com calma, observe e aprenda com seus novos colegas e membros da equipe, assimilando como seus comportamentos, mindsets e maneiras de trabalhar diferem dos seus antigos colaboradores. E esteja aberto a fazer as coisas de maneira diferente com relação àquela que você fazia no passado.

Mantenha um diário com anotações e observações para ajudá-lo a registrar e refletir sobre as diferenças e similaridades que observar (comparadas ao seu cargo anterior), em especial sobre como:
- Colegas de trabalho se comunicam e compartilham suas opiniões e ideias;
- Colegas demonstram gratidão e criticam uns aos outros;
- Os conflitos surgem e como se lida com eles;
- Os espaços de trabalho e escritórios são usados e o que é visível;

- Objetivos, indicadores importantes de desempenho e outras tarefas são compartilhadas, delegadas e cumpridas;
- Os colegas motivam, inspiram, apoiam e desafiam uns aos outros;
- Os colegas pedem ajuda e recursos;
- Orçamentos, previsões e planos são criados, negociados, implementados e monitorados;
- Bons e maus comportamentos, bem como índices de desempenho, são reconhecidos, recompensados e encarados;
- Novos colegas como você são reconhecidos, recebidos e auxiliados na obtenção de sucesso.

09

NÃO É UM CONCURSO DE POPULARIDADE

> *"Se você quer ser a pessoa mais popular na sala, inscreva-se em um concurso de beleza."*

Como líder, você tem de estar pronto para comunicar mensagens difíceis de todo tipo, com frequência no período de um único dia. A liderança, definitivamente, não é um concurso de popularidade. É preciso ser firme para tomar decisões difíceis, que às vezes podem parecer muito cruéis e inesperadas:

- Informar a um membro empolgado da equipe que ele não está sendo apontado para receber uma promoção;
- Comunicar à equipe que eles não foram escolhidos para trabalhar em um projeto novo e importante no qual tinham interesse;
- Informar a um colega que um candidato que ele gostaria muito de incluir em seu time não causou uma boa impressão quando você o entrevistou;
- Expressar suas frustrações em relação à falta de progresso da sua equipe;
- Recusar o pedido de licença de um colega porque muitos outros membros da mesma equipe estarão de férias no mesmo período;
- Dizer a um membro da equipe que ele será demitido se não parar imediatamente de falar mal do plano estratégico que você criou;
- Dar um ultimato a um colega, dizendo que deve aceitar e seguir a visão que você desenvolveu para a empresa ou se desligar dela.

Claro, você também terá notícias positivas para comunicar. Mas é a maneira como você lida com as más notícias que define a sua capacidade de liderar. Líderes de sucesso sabem que mensagens difíceis têm de ser comunicadas sem demora. Agir de outra maneira significa dar às pessoas perspectivas errôneas, falsas esperanças e expectativas incorretas que terão impacto negativo na motivação e na produtividade. Quando receber más notícias, comunique-as da maneira mais profissional possível e esteja pronto para administrar as reações adversas daqueles com quem está conversando, que podem ficar chocados, desconcertados, tristes, confusos ou até mesmo furiosos. São poucos os líderes capazes de fazer isso bem.

ENTRE EM AÇÃO

Não adie o que deve ser feito hoje
Nunca evite transmitir mensagens negativas por medo de causar irritação, se tornar impopular ou se envolver em um confronto. Não há nada a ganhar ao postergar uma má notícia, atrasar uma sessão de feedback ou mandar um e-mail desagradável. Você não está fazendo favores a ninguém com essa postergação. E, quanto mais rápido as pessoas souberem da verdade dura, mais rapidamente vão conseguir processá-la, lidando com suas reações e, se tudo correr bem, planejando como podem aprender, se adaptar e superar a questão de maneira positiva.

Planeje bem a comunicação
Dar boas notícias é fácil, mas, quando você tiver de dar más notícias ou um feedback com críticas, é especialmente importante planejar bem a mensagem. Reserve um tempo para planejar a conversa ou redigir o e-mail. Pare e reflita quando estiver com tudo preparado e releia a primeira versão da mensagem. Ou peça a um colega de confiança que faça comentários sobre o seu plano de comunicação.

O segredo é passar uma mensagem nítida e ir direto ao ponto de uma maneira que não seja agressiva e pouco diplomática. Não importa se você vai recusar um pedido ou fazer críticas construtivas a um colaborador; tente sempre explicar de modo evidente os fatos, junto a suas observações e opiniões.

Sempre que possível, tente passar a mensagem pessoalmente e de maneira reservada. Se não conseguir se encontrar pessoalmente, tente usar o recurso de videoconferência de modo que possam ver um ao outro. É melhor se e-mails, cartas e telefonemas forem usados apenas como meios posteriores de acompanhamento.

Seja inabalável
Não deixe que a reação a más notícias o afete no âmbito pessoal, independentemente de quanto a outra pessoa fique irritada ou magoada. Demonstre empatia e simpatia, dizendo que é compreensível que ela se sinta magoada ou confusa. Dê tempo para que a outra pessoa processe o que você disse.

10

ESCUTE COM ATENÇÃO

> *"Desligue-se de todas as distrações que entulham a sua cabeça e escute de verdade. E pense naquilo que quer dizer."*

Sempre fica óbvio quando uma pessoa não está lhe dando ouvidos. Você pode não saber exatamente como isso acontece, a menos que ela esteja olhando para o celular enquanto você fala ou não deixando que você fale. Mas você sabe. Estes são os sinais mais flagrantes:
- Ela nunca pede esclarecimentos sobre o que você disse;
- Ela não pede mais informações;
- Ela o interrompe ou muda de assunto.

É frustrante quando isso acontece. E é normal sentir que esse tipo de comportamento é desmotivante e desmoralizante, já que todos queremos ser ouvidos e gostamos quando outras pessoas escutam o que estamos tentando dizer.

Líderes de sucesso sabem que escutar com atenção ajuda os funcionários a se sentirem bem e a terem um desempenho melhor. Isso foi constatado em um estudo sobre as habilidades de escuta de líderes que envolveu 3.492 pessoas em cargos de gerência, publicado na revista *Harvard Business Review*. O estudo mostrou que os melhores líderes — 5% — em termos de habilidades de escuta se destacaram por:
- Criar conversas como se fossem discussões saudáveis de mão dupla e que envolviam questionamentos úteis, com poucas demonstrações de comportamentos defensivos quando seus comentários e ideias eram desafiados;
- Fazer com que as pessoas se sentissem mais positivas e com uma autoestima maior;
- Fazer com que as pessoas que escutaram ficassem mais abertas a ouvir sugestões em resposta ao que estavam dizendo.

ENTRE EM AÇÃO

Mostre que você está escutando ativamente
Procure sempre estar entre os melhores líderes em relação às suas habilidades de escuta. Você pode conseguir isso adotando os seguintes hábitos quando alguém vier conversar com você:
- Pare tudo que estiver fazendo e dê sua atenção completa à pessoa que está à sua frente. Se não tiver condições de fazê-lo, planeje outro momento no qual ambos estejam livres para essa conversa;
- Conversem em um lugar tranquilo e livre de ruídos, distrações e interrupções. E guardem seus celulares e computadores;
- Se o tempo for limitado, diga isso e defina uma duração para a discussão, oferecendo-se para continuar a conversa posteriormente se for necessário.

Demonstre que você está presente e escutando:
- Olhe para a outra pessoa e use uma linguagem corporal engajada, como fazer movimentos de concordância com a cabeça, sorrir e olhar nos olhos do seu interlocutor;
- Diga coisas que demonstrem que você está realmente presente, como "Entendo", "Isso parece ser desafiador" ou "Hmmm, não vai ser fácil";
- Resuma ou parafraseie o que acabou de ouvir. Se necessário, faça perguntas para confirmar o seu entendimento.

As pessoas têm vontade de conversar com você?
Ter boas habilidades de escuta não é o bastante. Você também precisa ser acessível, de modo que as pessoas queiram se abrir com você. Certifique-se de ser alguém com quem as pessoas ficam felizes em conversar, eliminando hábitos e comportamentos de distanciamento, como deixar a porta do seu escritório fechada, interromper as pessoas enquanto falam, ignorar o que elas dizem ou tirar conclusões precipitadas antes mesmo que elas terminem de falar. Se não souber se você é um bom ouvinte, basta perguntar à sua equipe.

11

EXIJA EXCELÊNCIA

> *"Liderança é fazer as coisas certas, e do jeito certo."*

Você precisa ter a certeza de que a sua equipe está cumprindo as tarefas certas e que estão sendo bem-feitas. A triste verdade é que a maioria dos líderes e suas equipes cumprem mal as tarefas importantes, porque se concentram em completar as pouco importantes ou desnecessárias.

Comparo a situação com a metáfora de cavar um buraco. Não faz sentido cavar bem um buraco se ele estiver no lugar errado. Assim como não adianta cavar um buraco ruim no lugar perfeito. No ambiente de trabalho, esses são dois erros muito comuns. Por exemplo:

- Um colaborador passa horas criando uma planilha perfeita, depois descobre que não compreendeu direito a questão;
- Você apresenta uma solução para um cliente de maneira muito profissional. Mais tarde, descobre que ele havia pedido informações sobre um produto completamente diferente;
- Um membro da sua equipe recebe uma oportunidade de apresentar um trabalho para a equipe de administração geral, mas não se prepara bem e a apresentação resultante é muito ruim.

Você nunca vai conseguir alcançar resultados excelentes se desperdiçar energia, foco, tempo e recursos nas tarefas erradas e/ou completar tarefas essenciais de maneira desleixada e com pouca qualidade.

ENTRE EM AÇÃO

Desafie e apoie a sua equipe a alcançar a excelência

Excelência é fazer bem as coisas certas o tempo todo. Para conseguir isso, garanta que cada pessoa na sua equipe receba a orientação e as ferramentas corretas em cada uma das seguintes áreas (conhecidas como as Seis Caixas de Gilbert):

1. **A informação e o feedback certos para saber o que se deve fazer**. Entregue tudo por escrito: funções na equipe, responsabilidades, instruções explicando o que deve ser feito e por quê. Os colaboradores também precisam de feedback formal e informal.

2. **As ferramentas e recursos certos para que consigam fazer o trabalho da melhor maneira possível**. Às vezes é algo muito simples, como dar um computador novo e mais rápido a alguém.

3. **Os incentivos ideais para superar expectativas**. Dê recompensas claras por bom desempenho, por alcançar os objetivos e indicadores-chave de desempenho (Key Performance Indicators – KPIs).

4. **As habilidades e o conhecimento ideais para que se destaquem**. Não basta mandar que alguém faça um curso ou dar a essa pessoa a experiência de trabalho. É preciso que ela saiba usar o que aprendeu.

5. **A capacidade de fazer o que é pedido**. Algumas das pessoas da sua equipe se sentem sobrecarregadas ou têm dificuldades com a quantidade de tarefas ou de volume de trabalho dado a elas?

6. **A motivação e o comprometimento para trabalhar duro**. Eles gostam de vir trabalhar para você, gostam de completar suas tarefas e trabalhar com os outros colaboradores?

12

DEFENDA AQUILO EM QUE ACREDITA

> *"Não é fácil continuarmos em pé quando somos fustigados pelos ventos da pressão dos colegas, opiniões do grupo e crenças da maioria."*

Há momentos em que ser líder vai lhe dar a sensação de estar sendo pressionado, particularmente quando estiver imóvel ou andando em outra direção enquanto todos passam por você, acenando para que os siga. Mas você pode agir assim porque sabe que as suas opiniões, ideias e convicções estão certas, e as das outras pessoas não. Fazer com que adotem suas opiniões e ideias não é fácil, mas às vezes é necessário se você almeja o sucesso.

Suas opiniões, crenças e convicções vêm da sua experiência de vida, do seu conhecimento e das crenças estabelecidas há tempos:

- Algumas são baseadas no seu mindset e na sua maneira de agir. Por exemplo, o trabalho duro deve ser recompensado, só há uma chance de ter sucesso, integridade é algo que não se pode negociar, e assim por diante;
- Outras dependem de metas e objetivos: devemos entrar nesse novo mercado, nosso sistema tem de ser atualizado para termos sucesso, aquela empresa tem de gerar mais lucro ou vamos ter de fechá-la;
- Outras podem focar na maneira por meio da qual as demandas são feitas: sempre devemos planejar com agilidade, devemos colaborar de determinada maneira;
- Ocasionalmente, podem ser mais holísticas e de longo prazo: uma crença sólida de que nossos produtos devem mudar o mundo para melhor, que todas as nossas decisões têm de ser sustentáveis no que diz respeito ao seu impacto ambiental.

Todo líder tem um conjunto de opiniões e convicções. Os líderes de maior sucesso sempre parecem saber quando devem se manter firmes àquilo que entendem ou que acreditam, mesmo quando a maré de opiniões vai na direção oposta ou quando as perspectivas e a direção dos colaboradores são diferentes.

ENTRE EM AÇÃO

Às vezes, você está certo e precisa aguentar firme
Você deve decidir sozinho sobre se deve se apegar com firmeza àquilo que acredita quando os outros insistem que você faça o contrário. Para ajudá-lo a conseguir fazer isso:
- Escute e reflita sobre as opiniões e convicções dos seus colaboradores e tente entender de onde elas vêm;
- Analise e reflita sobre sua própria maneira de pensar e tenha a cabeça aberta sobre se é correto se manter firme nas suas perspectivas contrárias;
- Quando decidir que precisa se manter firme, prepare-se para explicar seus sentimentos, sua lógica e seu raciocínio. Isso pode ajudar a justificar suas próprias ideias e aumentar a probabilidade de fazer com que as outras pessoas pensem como você.

Algumas pessoas talvez tenham dificuldade de entender e aceitar as suas ideias, particularmente quando são totalmente opostas às próprias crenças e maneiras de pensar. Essas pessoas podem ficar irritadas com você. Tente aceitar e não permita que isso impacte de modo negativo os relacionamentos profissionais. Com o tempo, os colaboradores podem reconhecer que você tinha razão em se manter firme ao que acreditava.

Mas, às vezes, você pode não ter razão
Lembre-se: nada é permanente. Suas convicções evoluem e mudam conforme ganha mais insights, informações, experiência e sabedoria. Pode haver momentos em que você percebe que uma crença, na qual confiava com muita firmeza, está errada. E que aquilo que você pensou ser verdadeiro não é mais. Admita o fato com humildade para os colegas e abrace abertamente suas novas ideias, crenças e maneiras de pensar.

13

DOMINE A ARTE DA POLÍTICA DO ESCRITÓRIO

> *"Ser líder é como andar numa montanha-russa com os olhos vendados, sem nunca saber quando o carrinho vai subir ou descer pelos trilhos."*

Praticamente todos os líderes que orientei falaram sobre suas dificuldades com os diferentes tipos de política interna e da necessidade de sobreviver quando os colegas jogam uns contra os outros. Uma líder disse recentemente que se sentia exausta ao tentar sobreviver às disputas políticas internas na sua empresa. Ela descreveu seu ambiente de trabalho como uma selva, na qual os colaboradores fazem tudo o que for necessário para conquistar recursos e reconhecimento, em que alguns cortaram relações com colegas e outros até mesmo se demitiram da empresa. Talvez você já tenha se envolvido com esse tipo de situação. Por exemplo:

- Sua reputação está sendo atacada por colegas que comentam sobre erros de julgamento dos quais você é acusado;
- Um colega decidiu não lhe avisar sobre os problemas sérios com um projeto que você está coordenando;
- Outro departamento passa suas responsabilidades adiante, dizendo aos chefes que a equipe que você lidera é a culpada, quando você sabe que isso não é verdade;
- Antes de uma discussão sobre planejamento financeiro, descobrir que alguns colegas vêm fazendo comentários às escondidas para a chefia de finanças sobre os motivos pelos quais os departamentos deles, e não o seu, merecem verbas maiores no ano seguinte;
- Outra filial da empresa transfere um colaborador para a sua área com referências invejáveis, sem mencionar que ele não sabe trabalhar bem em equipe;

- Perceber que o seu chefe demonstra um favoritismo extremo por certos colegas, algo que impacta negativamente você e a sua equipe.

Para ser um líder de sucesso, você precisa se acostumar a cenários como esses. Acumule experiência e aguce seus sentidos para perceber quando e como se pronunciar e confrontar, ou quando é melhor ficar quieto para evitar a piora de uma situação que já está ruim.

ENTRE EM AÇÃO

Seja um mestre da navegação
Navegar pela politicagem interna não é fácil. Você precisa usar todas as suas *soft skills*, particularmente ser capaz de influenciar, falar nos momentos certos, comunicar-se com nitidez, dar feedbacks claros e ser assertivo. Além disso:
- Nunca comece a arrancar os cabelos e a imaginar o pior. Quando um colaborador não lhe diz algo importante, você pode sentir vontade de vociferar a irritação, presumindo que o silêncio da outra pessoa foi premeditado e tinha a intenção de colocar você em uma posição ruim. Não faça isso. Talvez ela tenha simplesmente esquecido. Em vez disso, explore e verifique com calma o que está de fato acontecendo e quais são as verdadeiras intenções da pessoa;
- Escolha as suas batalhas; aprenda a identificar quando é melhor abrir mão de alguma coisa, quando é melhor não expressar o que pensa, se defender, justificar ou reclamar. Pense com cuidado antes de fazer o contrário e se envolver em uma tentativa de consertar algo que está errado, impedir um comportamento inadequado ou colocar os devidos pingos nos is — talvez para limpar o seu nome ou mostrar que a sua equipe está executando uma tarefa da forma certa quando é acusada de fazer o oposto;
- Mantenha os ouvidos atentos e use a sua intuição para sentir quando um problema com algum colaborador pode estar em formação. Por exemplo, ele pode estar começando a tratá-lo de um jeito diferente do normal e parecendo evitar sua presença ou deixando de compartilhar ideias com você. Não reaja de modo negativo. Faça o oposto e passe mais tempo se conectando e sendo amistoso com

esse colega. Talvez você consiga aquecer o relacionamento em vez de deixar que esfrie de vez;
- Mantenha uma relação saudável e positiva com o seu chefe. Você precisa tê-lo ao seu lado, porque ele pode ser seu maior apoiador ou defensor, ajudando-o a esclarecer ou acabar com quaisquer boatos sobre você ou a sua equipe, além de acabar com qualquer outro tipo de politicagem interna que você venha a enfrentar;
- Não seja uma das pessoas que cria politicagens internas. Nunca espalhe fofocas, insinuações ou meias verdades sobre outras pessoas. Se não puder dizer coisas boas sobre os outros, simplesmente não diga nada.

14

PENSE NO CONTEXTO

> *"Adoro a ideia de 'um cavalo para cada pista', que significa escolher cuidadosamente qual cavalo você vai montar em cada corrida, conforme as condições da pista."*

Uma grande quantidade de líderes trata todas as situações similares da mesma forma, sem reconhecer que cada uma pode exigir um tipo diferente de resposta para garantir o resultado ideal.

Em sua casa, você tem uma caixa cheia de ferramentas e escolhe a melhor para resolver cada problema. Você nunca tentaria fazer os seus reparos e manutenções com a mesma ferramenta, certo? O mesmo se aplica à liderança. Não use o mesmo estilo de liderança em todos os cenários.

É surpreendente que tantos líderes ignorem essa verdade básica e nunca variem seu modo de agir e responder, mesmo em situações com fortes diferenças entre si:

- Lidar sempre da mesma forma com cada problema de desempenho de um colaborador;
- Motivar os membros da equipe com os mesmos incentivos;
- Comunicar as informações com o mesmo tipo de e-mail extenso;
- Reagir da mesma maneira aos subordinados que têm dificuldades de cumprir seus prazos;
- Conduzir todas as reuniões exatamente com o mesmo estilo.
- Usar os mesmos clichês e comentários para expressar seus sentimentos;
- Fazer sempre as mesmas perguntas nas entrevistas, não importa a função para a qual a pessoa esteja se candidatando.

Tratar todas as pessoas e todos os problemas da mesma forma não funciona, e raras vezes é eficiente. As pessoas podem ficar confusas ou se sentir perdidas, seguir conselhos incorretos e ter dificuldades, ou podem se sentir mal compreendidas e ficar desmotivadas. Isso não é o que você quer, nem é a melhor alternativa.

ENTRE EM AÇÃO

Aprenda a variar
Procure se tornar um líder situacional, um estilo de liderança proposto por Ken Blanchard, no qual você precisa reconhecer a singularidade de cada situação e responder da maneira mais apropriada:

- **Use o tempo a seu favor para compreender a questão.** Avalie o acontecimento antes de responder. Explore e entenda o contexto do problema com o qual você se depara, incluindo a possibilidade de ser algo recorrente. Determine também quem está envolvido, destacando se a pessoa é alguém experiente, se foi contratada nos últimos tempos, se está com sobrecarga de trabalho, desmotivada e assim por diante;
- **Defina o resultado ideal.** Quando conseguir compreender o caráter único de cada situação, você pode determinar a solução ou o resultado ideal que precisa ser alcançado;
- Decida como vai alcançar esse resultado. Decida como você precisa agir e responder em cada caso:
  - Às vezes você precisa escutar calmamente e motivar. Outras vezes, é preciso agir rápido para mostrar à equipe o seu descontentamento ou preocupação;
  - Em algumas situações, você precisa agir de maneira inspiradora e visionária. Em outras, se envolver com os detalhes e microgerenciar;
  - A lista de maneiras possíveis de se responder a diferentes situações é infindável. Você pode decidir se vai orientar alguém pessoalmente, convocar uma reunião para fazer uma sessão de *brainstorming*, perguntar como pode ajudar, esperar e agir mais tarde, usar o tempo para observar a situação ou não fazer absolutamente nada.

Somente um líder preguiçoso ou inexperiente usa a mesma ferramenta de liderança em todas as circunstâncias.

15

ENXERGUE COM UMA PERSPECTIVA MAIS AMPLA

> *"Às vezes, nos perdemos entre as árvores e não conseguimos saber ao certo qual é o caminho a seguir."*

Líderes de sucesso entendem a importância de enxergar as situações por uma perspectiva mais ampla. Eles se afastam das questões do dia a dia para fazer isso. É como ser um piloto de avião que sempre atravessa as nuvens para passar mais tempo em um ponto mais alto e ter uma visão geral ou aérea do processo. Essa tarefa essencial de liderança lhe dá espaço e tempo para:
- Enxergar melhor os padrões entre questões, atividades e problemas;
- Ter uma visão mais estratégica das suas responsabilidades, dos seus desafios e das suas metas;
- Olhar para o futuro em vez de ficar preso ao presente;
- Dar à sua equipe espaço para florescer, sem ficar vigiando o que estão fazendo o tempo todo ou microgerenciando os colaboradores;
- Ter mais tempo e insights para planejar como você pode ajudar sua equipe e outros colegas.

Poucos líderes conseguem fazer isso com desenvoltura. Eles adquirem o hábito de mergulhar nas inúmeras questões do dia a dia, cumprindo e eliminando as tarefas em sua lista, lidando com questões urgentes como se fossem bombeiros e vigiando de perto o trabalho da equipe. Muitos líderes não conseguem evitar essa reação porque, quando estavam em cargos subalternos, nunca se esperou que tivessem ou que fossem estimulados a ter essa visão do todo. O risco é que o seu desempenho como líder pode sofrer se você não se afastar um pouco das tarefas corriqueiras para observar a perspectiva maior. É somente dando alguns passos para trás que você vai poder compreender o motivo pelo qual fazer isso é tão importante e valioso.

ENTRE EM AÇÃO

Experimente ver a situação de longe

Imagine-se como um fotógrafo profissional. Diminua o zoom da câmera para tirar fotos incríveis de paisagens inteiras e panoramas do seu ambiente de trabalho. Conforme você conquista cargos de mais senioridade, esse truque fica ainda mais essencial. Se acha que isso é algo difícil de fazer, tente entender qual é a origem da sua dificuldade:

- Durante o seu dia de trabalho, observe a si mesmo para perceber se e quando você passa tempo demais envolvido com os detalhes das atribuições e listas de afazeres da sua equipe. Pergunte a si mesmo: "Isso é realmente produtivo?".
- Supere barreiras que o impeçam de se afastar. Pode ser que você se sinta mais confortável em contato com os detalhes; talvez você não goste da ideia de deixar sua equipe sozinha com suas tarefas do dia a dia. Assumir uma função mais estratégica e reflexiva pode causar nervosismo.

Encontre tempo para subir até o andar de cima

- Reserve um tempo na sua semana de trabalho para ser mais estratégico e se concentrar nas perspectivas maiores. Em momentos como esses, veja o seu ambiente de trabalho do alto, refletindo sobre sua carga de atribuições e os desafios a médio e longo prazo, assim como questões e desafios mais estratégicos com os quais você e seus colaboradores terão de se deparar. O que você vê?
- Se achar que isso é difícil, já considerou recorrer a um coach executivo ou um mentor para ajudá-lo a se concentrar e refletir sobre esses aspectos mais amplos e de longo prazo do seu trabalho?
- Outra coisa que pode ajudar a se acostumar com uma visão mais ampla é procurar oportunidades de participar de eventos e atividades focados em ações estratégicas e de longo prazo. Experimente se oferecer como voluntário para participar de um comitê de planejamento ou reestruturação a longo prazo, ou participar de conferências sobre tendências futuras ou ideias emergentes de negócios.

16

NINGUÉM SE TORNA EXPERT EM POUCO TEMPO

> *"Pouco a pouco, nós melhoramos em habilidade e expertise."*

É impossível se tornar um expert em liderança da noite para o dia. Não existem atalhos no processo de adquirir experiências e habilidades com as quais você pode aprender e extrair conhecimento e sabedoria. Como resultado, é provável que sua própria jornada rumo à liderança vá divergir da trilha principal ou ir por uma rota familiar, tais como:

• Você assume seu primeiro cargo de gerência com exposição limitada às dificuldades de ter de encarar responsabilidades e situações relacionadas à liderança. Você pode ter cursado Administração de Empresas e recebido treinamento em outras habilidades de liderança, mas não teve muitos anos para implementar e dominar o que aprendeu;

• Com o tempo, você adquire mais exposição e experiência com a liderança. Quando combinadas com mentorias, coaching e treinamento, você começa a se tornar e sentir que é um líder experiente;

• Até que, um dia, veja só: você é considerado um expert, recebe pedidos para ser mentor de outras pessoas e para ser o principal palestrante em eventos da sua empresa, nos quais as pessoas formam filas para ouvi-lo compartilhar sua sabedoria.

Esta jornada para se tornar um líder experiente demanda tempo e paciência. Na cultura de hoje, em que tudo é feito sob demanda, isso não é algo fácil de se conseguir. E podemos facilmente esquecer que se tornar expert em alguma coisa leva tempo. E que aprender algo com rapidez não faz de você um especialista. Alguns jovens líderes pensam, erroneamente, que basta um MBA para fazer com que tenham habilidades de liderança. Eles ignoram que a verdadeira expertise só pode ser conquistada por meio de repetidas experiências na vida real. Se começar a pensar prematuramente que é um expert, você arrisca desenvolver o excesso de confiança. E provavelmente vai pensar que é capaz de assumir mais atribuições do que na verdade pode. Isso implica no risco de cometer grandes erros que podem, inclusive, causar danos sérios à sua carreira. Tome cuidado.

ENTRE EM AÇÃO

Siga de maneira paciente um plano de desenvolvimento de liderança
Crie o seu próprio plano de desenvolvimento de liderança e divida suas metas e ações anuais por mês. Isso vai estimular você a constantemente:
- Aprender coisas novas;
- Refletir sobre seus sucessos e dificuldades;
- Buscar e agir de acordo com o feedback;
- Pedir a outras pessoas que sejam seus mentores.

Todo líder precisa de um plano de desenvolvimento, mesmo que você já esteja no comando de uma empresa de sucesso. As startups de tecnologia atuais têm fundadores e CEOs muito jovens. Seus colaboradores e acionistas entendem a necessidade de ajudar esses jovens líderes a acumular expertise com rapidez, ajudando-os a criar planos de desenvolvimento de liderança. Tais planos podem incluir fornecer todo tipo de ferramenta e apoio aos líderes, incluindo o acesso a mentores mais velhos e experientes.

Seja humilde sobre o quanto você sabe
Seja sempre franco sobre as lacunas no seu próprio conhecimento e experiência. Todos nós temos ausências desse tipo.
Quando se deparar com diferentes desafios corporativos e de liderança, reconheça o que é novidade e os pontos nos quais você carece de experiência ou compreensão. Não se preocupe com isso. Não é um problema e as pessoas esperam que você seja honesto. Nos pontos que você sabe que ainda não é um expert, tente responder às outras pessoas dizendo:

- "Na verdade, não sei ao certo como lidar com a questão."
- "Não tenho certeza. Quem pode ter uma ideia melhor sobre o que está acontecendo?"
- "Eu devia saber o que fazer, mas estou um pouco confuso. Deixe-me refletir a respeito e pedir opiniões a outras pessoas."
- "Como estou entendendo esse problema?"

Ser humilde e honesto dessa maneira é uma qualidade essencial de liderança, em particular quando você é promovido mais rápido do que é capaz de ganhar expertise (algo que está se tornando cada vez mais comum).

17

LÍDERES SÃO PESSOAS QUE SERVEM AOS OUTROS

> *"O que importa é o sucesso deles, não o seu — nada mais e nada menos."*

Seu papel como líder é servir às pessoas e apoiá-las em suas necessidades, desejos e objetivos. Você não deve se concentrar no seu próprio sucesso. Esse conceito de liderança servil talvez não seja familiar para você, mas já existe há algum tempo. E foi descrito pela primeira vez na década de 1970 pelo escritor e especialista norte-americano em liderança, o já falecido Robert K. Greenleaf.

A questão central em ser um líder servil é deixar o seu próprio sucesso e as suas necessidades de lado e se concentrar nas necessidades e ambições dos seus seguidores e outros *stakeholders*. Os benefícios de agir assim incluem:

• Colaboradores que trabalham com você e sob a sua supervisão se sentem mais valorizados, ouvidos e reconhecidos. Como resultado, ficarão mais motivados, engajados e energizados;

• Seus clientes e fornecedores terão interações melhores quando estiverem trabalhando com os membros da sua equipe, o que se traduz em maior lealdade dos clientes e relacionamentos mais próximos com fornecedores.

A atitude de colocar as necessidades e ambições dos outros em primeiro lugar pode transformar você, como líder e como pessoa:

• Você fica menos competitivo e estressado, já que se concentra menos em si e mais na sua equipe e nos colegas;

• Você refreia os anseios do seu ego e para de sentir a necessidade de sair sempre por cima — por exemplo, vencendo as disputas ou dominando discussões nas reuniões;

- Agir dessa maneira faz com que você consiga agir de verdade como um membro do time, pois encoraja os outros membros da sua equipe para que contribuam, sejam ouvidos e recebam crédito;
- Você se torna mais aberto e generoso e se dispõe, por exemplo, a compartilhar ideias livremente e deixar que os outros tenham autonomia para implementá-las.

ENTRE EM AÇÃO

Pouco a pouco, torne-se uma pessoa que serve os outros
Todos os líderes precisam que suas necessidades, motivações e ambições sejam reconhecidas e valorizadas, além de buscar promoções no trabalho, aumentos de salário e bônus. Ninguém está sugerindo que você pare de fazer isso e se torne um líder-servidor puro. O segredo é continuar sendo quem você é, mas também criar mais espaço para as necessidades das outras pessoas, exibindo um toque de desprendimento.

Quando encarar decisões importantes, habitue-se a fazer o que chamo de "teste do egoísmo", perguntando a si mesmo: "Nesta situação, de quem são as necessidades em que estou me concentrando com mais intensidade: as minhas ou as da minha equipe?" Analise suas respostas a essa pergunta e decida se o equilíbrio está correto. Às vezes, suas próprias necessidades estão em primeiro plano; outras vezes, são as necessidades de outras pessoas que dominam. Com sorte, em muitas ocasiões, todas as necessidades vão se alinhar.

Torne-se um líder focado no "nós" em vez de um líder focado no "eu"
Ao analisar seu trabalho, não se pergunte "O que eu conquistei?". Pense de maneira mais colaborativa, perguntando: "Como ajudei minha equipe, meus colaboradores e/ou a organização a darem o melhor de si e prosperarem esta semana?" ou, então, "Juntos, como estamos agindo com excelência, crescendo e sendo motivados?"

Pratique essa maneira de pensar por alguns meses. Você deve perceber que está se tornando uma pessoa menos focada no "eu" e que passa mais tempo no espaço do "nós". Se tudo der certo, seus colaboradores vão perceber a diferença. Pergunte a eles, se for o caso. É provável que receba um feedback muito positivo.

18

CUIDADO COM PENSAMENTOS ENVIESADOS

> "Nós raramente enxergamos as verdades.
> Em vez disso, nos pegamos olhando para
> a nossa própria visão distorcida dos fatos."

Da próxima vez que tomar uma decisão importante, faça-o por sua conta e risco. Nós vivemos em um ambiente de trabalho cada vez mais complexo e volátil, no qual não é fácil saber o que está realmente acontecendo. Essa situação só piora com cargas pesadas de trabalho, incluindo caixas de entrada abarrotadas com e-mails e agendas cheias de reuniões. Como é possível ter tempo e concentração suficientes para analisar, verificar e avaliar dados e informações para chegar a conclusões precisas?

Mesmo com a certeza de que fomos bem meticulosos, ainda há o risco de tomarmos decisões incorretas e de chegarmos a conclusões erradas. Aqui estão alguns exemplos típicos:

• Um novo colaborador age de maneira muito franca e aberta durante a primeira semana de trabalho no seu escritório, e você presume que essa pessoa sempre será confiável;

• Você discorda da decisão da empresa de desenvolver um novo produto e passa bastante tempo procurando razões para provar que está certo, dizendo "eu avisei" a todo mundo quando encontra provas que confirmam aquilo que pensou;

• Um dos membros da sua equipe está com dificuldades para completar um trabalho e diz que não tem culpa pelo que está acontecendo. Em seguida, responsabiliza os outros colegas;

• Você está bem otimista com relação à probabilidade de que a sua equipe conclua as tarefas de um projeto a tempo, enquanto outro colaborador pensa o contrário e está convencido de que a equipe sempre demora demais para terminar esse tipo de trabalho;

• Seu chefe investiu muito tempo e energia na abertura de uma nova subsidiária, agora não tem condições nem está disposto a aceitar que foi uma decisão equivocada de investimento e que a nova filial deve ser fechada;
• Sua equipe está ansiosa para implementar um novo sistema apenas porque viu que vários outros departamentos fizeram a mesma coisa, mesmo sabendo que há poucos benefícios para os negócios;
• Você conquista um novo grande cliente com uma proposta que contém novos termos de tarifas. Depois de ganhar o cliente em questão, você decide usar sempre a mesma proposta de tarifas em todas as futuras prospecções de clientes.

ENTRE EM AÇÃO

Comece a entender o que está acontecendo de fato
Aprenda com os seus erros e não pare por aí: aprenda com os erros dos outros também. Comece a entender como o pensamento enviesado pode estar atrapalhando a sua capacidade de julgamento. Confira mais uma vez os exemplos apresentados anteriormente neste capítulo. A lista apresentada mostra o pensamento enviesado em cada exemplo.
1. Isso é o que chamamos de efeito halo, no qual formamos uma opinião forte baseada em uma perspectiva limitada. O perigo vem de extrapolar e presumir que um único bom resultado significa que todos os resultados futuros (baseados sempre nas mesmas abordagens) terão sucesso. Esquecemos a singularidade de cada situação;
2. Esse viés de confirmação nos impede de ver a possibilidade de estarmos errados. Assim, não estamos dispostos a aceitar a possibilidade de havermos cometido um erro e buscamos quaisquer justificativas possíveis para mostrar que estamos certos;
3. Quando sentimos dificuldade para alcançar um objetivo no trabalho, é raro que culpemos a nós mesmos. Em vez disso, apontamos o dedo para outras pessoas. Isso é conhecido como viés da autoconveniência, e pode fazer com que jamais aprendamos com nossos erros;
4. Tais vieses de otimismo ou pessimismo podem fazer com que vejamos todos os aspectos de determinada situação a partir de uma perspectiva positiva ou negativa;

5. Chamada de falácia do custo irrecuperável, essa é a tendência de não estar disposto a admitir a derrota depois de investir tanto tempo, credibilidade, dinheiro ou energia;
6. Conhecido como efeito manada ou problema do pensamento coletivo, nós podemos nos deixar levar por ideias e opiniões quando muitas outras pessoas à nossa volta pensam do mesmo jeito;
7. Esse tipo de pensamento é chamado de viés de resultado, em que formamos uma visão simplista sobre como conquistamos o sucesso ao fazer alguma coisa. Talvez o formato da proposta de tarifas não tenha sido tão bom e não tenha chegado a influenciar o sucesso da prospecção.

A lição a ser aprendida em tudo isso é recuar um passo, manter a mente aberta, refletir sobre todos os aspectos e ângulos, além de questionar suas próprias hipóteses. Aceite como normal o fato de descobrir que você ou a sua equipe pode ter cometido um erro.

19

COLOQUE A CONFIANÇA
EM PRIMEIRO LUGAR

> *"A confiança é como uma cola que une a tudo e a todos."*

Sua função principal como líder é criar e manter altos níveis de confiança. Não é fácil fazer isso. A confiança abrange muitos aspectos do seu trabalho e das suas interações, incluindo:
- Confiança nos outros, no que dizem, prometem, pensam e fazem;
- Confiança nas regras, nas leis, nos sistemas e nos procedimentos;
- Confiança nas próprias capacidades, no pensamento e nas intenções.

Quando a confiança não existe ou passa a ser questionada, torna-se desafiador liderar com sucesso, porque os seus colaboradores podem estar distraídos com as próprias preocupações, que podem impactar como eles trabalham das seguintes maneiras:
- Não tenho plena confiança de que vou ser recompensado por trabalhar bem e ir além das minhas metas;
- Espero poder confiar no meu colaborador para me ajudar quando eu tiver dificuldades;
- Não sei se confio na ideia de que meu chefe me apoia;
- Nunca confiei na precisão do sistema de emissão de faturas;
- Tenha cuidado quando trabalhar com aquele departamento. Não dá para confiar nos dados que eles nos passam;
- Embora eu tenha feito o treinamento, não confio na minha capacidade de implementar o novo processo;
- Não confio muito na estratégia e nos planos da empresa para os novos produtos.

É normal pensar somente na confiança quando você percebe, de repente, que ela não existe, por exemplo, quando você perde a confiança em outra pessoa ou não confia mais em um processo. É também uma questão bem pessoal — outro indivíduo não confia nem um pouco em algo em que você confia bastante.

ENTRE EM AÇÃO

Seja um modelo a seguir em termos de confiança
Sua principal tarefa com relação a isso é se assegurar de que seus colegas confiam em você em todos os aspectos do seu trabalho. Eles devem acreditar que podem confiar 100% no que você diz, promete e faz.

Identifique onde a confiança é mais necessária
Tente entender como você pode melhorar os níveis de confiança:
- Entre você e seus colaboradores;
- Entre os colaboradores;
- Nos processos e sistemas com os quais a equipe trabalha, incluindo aqueles que vocês mesmos criam.

Comece fazendo uma lista sobre em quais momentos a confiança é mais necessária. Baseie a lista nas próprias observações e opiniões sobre onde falta confiança e onde ela parece essencial para criar o ambiente de trabalho ideal. Envolva os membros da sua equipe e peça a opinião deles. Para estimulá-los a compartilhar suas opiniões mais abertamente, crie um questionário anônimo on-line a que possam responder.

Desenvolva mais confiança de modo proativo
Quando souber onde a confiança é necessária, explore como é possível aumentá-la de maneira sustentável. A confiança é baseada nas percepções e experiências de cada pessoa. Assim, pode ser muito difícil identificar exatamente o que precisa ser feito. Você pode ter de agir por tentativa e erro. A maioria das suas ações vai envolver comunicação e compartilhamento de informações e opiniões. Por exemplo:
- Reserve horários para sessões semanais individuais entre você e os membros da sua equipe para ajudar a aumentar a confiança que eles depositam em seu trabalho;

- Crie mais oportunidades para aumentar o entrosamento e encontros sociais entre dois departamentos para diminuir a falta de confiança;
- Estabeleça discussões entre a sua equipe e os colegas de RH para discutir as preocupações das pessoas sobre a precisão de um novo sistema de gerenciamento de desempenho.

20

FAÇA ENTREVISTAS COMO UM PROFISSIONAL

> *"Se você quer uma equipe e uma organização de alto desempenho, contrate pessoas que têm o melhor desempenho."*

Uma quantidade enorme de líderes se queixa da qualidade de seu time, desolados pela falta de motivação, mindset ou disposição dos membros da equipe para a adaptação e a mudança. Ter de liderar uma equipe assim pode ser muito desafiador e frustrante, em particular porque isso pode impedir que você alcance níveis elevados de sucesso. Uma das principais razões para ter esse tipo de problema é um processo ruim de recrutamento, e você só pode culpar a si mesmo se contratar pessoas que:

- Não têm capacidade de dominar as habilidades técnicas necessárias;
- Não demonstram persistência e desistem com muita facilidade;
- Sempre culpam outras pessoas por seus próprios problemas e erros;
- Não demonstram interesse em se adaptar a mudanças;
- Não demonstram desejo de crescer, assumir mais responsabilidades e receber promoções.

Infelizmente, grande parte dos líderes investe pouco tempo e esforço no processo de recrutamento e podem:

- Confiar demais nos colegas de RH e em empresas externas de recrutamento para procurar e avaliar candidatos, sem nunca concordar com uma descrição nítida das funções ou com o perfil ideal do candidato;
- Nunca se preparar para entrevistas com candidatos em potencial, com frequência, nem lendo os currículos deles;

- Conduzir entrevistas muito curtas, em que o líder fala demais e simplesmente faz perguntas aleatórias;
- Deixar que o departamento de RH conclua as negociações com o candidato escolhido.

Não surpreende o fato de que muitos líderes se decepcionam com seus novos contratados e têm de dispensá-los, tendo que recomeçar o processo de recrutamento novamente do início (o que pode acabar desmotivando toda a equipe e desperdiçando tempo e dinheiro).

Líderes de sucesso sabem que excelentes contratações são o segredo para criar um setor de exímio desempenho. Qualquer equipe só consegue ser tão boa quanto as pessoas que fazem parte dela. Líderes também sabem que um contratado inadequado não pode ser facilmente transformado em um colaborador de alto desempenho, pois há um limite de intervenções, como mentorias, coaching e treinamentos, que podem ser feitas de modo a mudar a atitude de uma pessoa e seu desempenho.

ENTRE EM AÇÃO

Seja claro com relação àquilo que está procurando
Decida quais são os fatores críticos de sucesso para que uma pessoa tenha êxito em determinado cargo. Tenha a certeza de que estão descritos com clareza em qualquer oferta de trabalho e descrição de funções. Explique aos colegas de RH e a quaisquer recrutadores externos quais são os critérios-chave que devem ser usados ao abordar, filtrar, selecionar e montar uma lista com os melhores candidatos.

Prepare-se bem para entrevistas
Crie um conjunto de perguntas para comparar cada candidato com os fatores críticos de sucesso do cargo. Elabore as chamadas "perguntas comportamentais da entrevista" para explorar como um candidato lidou com desafios específicos. Você pode tentar as seguintes opções:
- Fale sobre uma ocasião quando, ao trabalhar com uma equipe em um projeto, foi necessário mudar subitamente a direção e como você lidou com isso;
- Descreva uma situação em que você cometeu um erro enorme, explique como você respondeu e o que aprendeu com o episódio;

- Dê exemplos que demonstram sua capacidade de ser criativo ao encarar problemas e objetivos difíceis.

Pegue os candidatos desprevenidos
A maioria das pessoas que procura emprego é bem preparada e terá ensaiado respostas para as perguntas que esperam que lhes sejam feitas. Para aprender sobre seu verdadeiro caráter e personalidade, é preciso colocar uma ou duas perguntas que eles não estejam esperando.

Use os mesmos métodos quando fizer contratações internas
Antes de concordar em aceitar alguém na sua equipe ou no seu departamento, entreviste-os com o mesmo empenho que teria ao entrevistar um candidato externo.

21

ACOMPANHE AS MUDANÇAS EM UM MUNDO QUE SE TRANSFORMA COM RAPIDEZ

> *"A vida profissional ficou muito volátil e incerta; dá para compará-la a tentar ficar montado em cima de um touro de rodeio."*

Vivemos em um mundo de mudanças e transformações dramáticas, que é apropriadamente chamado de "era das acelerações" pelo colunista Thomas L. Friedman, do *The New York Times*.

Transformações na indústria, revoluções nos negócios e mudanças exponenciais se tornam lugar-comum, e os líderes se perguntam qual será o próximo modelo de negócio ao estilo Uber ou Amazon que pode aparecer de forma repentina e destruir suas empresas. Essa velocidade de mudanças é tão dramática que suas experiências e habilidades de liderança podem rapidamente ficar obsoletas diante de tantos novos desafios.

Você precisa levar suas equipes, *stakeholders* e a própria organização avante em um mundo definido como VICA (Volátil, Incerto, Complexo e Ambíguo):

- A volatilidade é o resultado de eventos ou situações que mudam muito mais rápido do que antes, causadas — em parte — por novos processos e processamento de dados em tempo real;
- A incerteza vem dessa volatilidade, pois fica mais difícil saber o que realmente está acontecendo hoje ou amanhã;
- Graças à tecnologia, nós deixamos tudo mais complexo do que era no passado;
- Tamanhas complexidades e mudanças rápidas dificultam o entendimento com exatidão do que está acontecendo, com problemas e soluções menos nítidos e mais ambíguos.

Como líder, você tem todo o direito de se sentir perdido, confuso e até mesmo estressado por tudo isso. Mas o seu desafio é se tornar um líder de sucesso apesar de todo esse ruído.

ENTRE EM AÇÃO

Use o "VICA" a seu favor
Para navegar com sucesso pelo seu próprio ambiente "VICA" de negócios, siga estes conselhos, que serão expandidos em capítulos posteriores:

Desapegue-se em busca de abrir espaço para o novo
O que pensou ou fez ontem pode não ser necessário nem apropriado para os desafios que serão encarados amanhã. Você não tem escolha além de manter a mente aberta e ser humilde o bastante para abraçar o desconhecido. E também para estar preparado para aprender, compreender e adotar ideias e modos de pensar que passam a ser necessários.

Dedique algum tempo para entender as coisas
Aceite que eventos, problemas e situações podem não ser tão fáceis de se entender como eram no passado. Junto à sua equipe, esteja de prontidão para investir tempo em sessões de exploração e *brainstorming* visando entender tudo melhor.

Esteja confortável quando se sentir hesitante e perdido
Como líder, talvez você tenha a sensação de que deveria possuir todas as respostas e a certeza de tudo. Infelizmente, não é possível dar às suas equipes, ou mesmo a si mesmo, uma direção evidente, conforto ou certezas.

Tenha coragem para enfrentar desafios inesperados
Não importa se você está enfrentando uma questão empresarial pequena ou algo tão grande quanto o surgimento de um novo Uber para arrasar o monopólio dos táxis. É completamente aceitável se sentir hesitante e ter dificuldades para saber qual é a melhor maneira de responder. O importante é encarar cada desafio da melhor maneira que você puder em vez de ignorá-los e esperar que o problema não seja importante, e que apenas desapareça.

22

EXPERIMENTE CONTRATAR UM COACH EXECUTIVO

> *"Ser orientado por um coach é como conversar de forma aberta e confidencial com o espelho do seu banheiro, que escuta com atenção e faz perguntas bem pertinentes."*

Ser orientado por um coach está em alta. Não conheço nenhum líder global e renomado que nunca tenha procurado a ajuda de um coach executivo, de liderança ou de carreira. Essas pessoas não são como os técnicos esportivos que ficam ao lado do campo gritando instruções. São indivíduos experientes que oferecem um processo de coaching, que é uma combinação de:

- Um processo transformativo para consciência, descoberta e crescimento profissional e pessoal, bem como expansão das possibilidades [esta é a definição da Associação Internacional de Coaching];
- Um processo guiado profissionalmente que inspira os clientes à maximização de seu potencial pessoal e profissional [esta é a definição do Conselho Europeu de Mentoria e Coaching].

Esse tipo de coach ajuda um líder a saber, confidencialmente, como ele pode conseguir lidar com qualquer quantidade de desafios, sejam problemas de gerenciamento de equipe, sejam questões comportamentais e de mindset. Você pode perguntar a um coach qualquer coisa que o ajude a ser um líder de sucesso. Por exemplo, é possível conseguir informações sobre como:

- Lidar com um chefe extremamente crítico;
- Alcançar sucesso em um cargo novo e complexo;
- Inspirar sua equipe;
- Trazer mais equilíbrio entre o seu trabalho e a vida pessoal;

- Liderar com mais retidão e dignidade;
- Transformar sua visão em realidade;
- Gerenciar membros da equipe mais velhos e desmotivados;
- Ser mais assertivo e extrovertido.

O coach não está ali para lhe dar respostas do tipo preto no branco, e sim para ajudá-lo a chegar às próprias conclusões e aos planos de ação. Além disso, vai ajudá-lo a enxergar as circunstâncias sob uma perspectiva nova e mais nítida.

ENTRE EM AÇÃO

Encontre um coach com quem você se sinta confortável

Seus colegas de RH normalmente podem encontrar um coach para você, e a sua organização bancar o custo. Tente conversar com pelo menos dois possíveis coaches no que se costuma chamar de "reunião de química". Durante essas reuniões iniciais, você pode avaliar até que ponto se sente confortável com ambos, assim como a percepção da forma como eles entendem você e seus desafios.

Permita-se encontrar valor ao ser orientado por um coach

Só é possível descobrir os benefícios de ter um coach se você passar por essa experiência. Por que não começar com duas ou três sessões de coaching distribuídas ao longo de meses, com cada sessão durando tipicamente de uma a duas horas e com intervalos de um mês? Para cada sessão, saia do seu escritório e encontre-se com o seu coach em um lugar tranquilo e relaxante. Traga para as sessões de coaching os tópicos sobre os quais você quer refletir com a esperança de descobrir a maneira perfeita de responder, resolver ou obter sucesso.

Prepare-se para uma conversa que pode parecer muito diferente — o coach pode, confidencialmente, escutar o que você diz em profundidade, demonstrar empatia, fazer muitas perguntas e estimulá-lo a compartilhar seus sentimentos, sonhos, medos, objetivos e preocupações.

23

SEJA POSITIVO

> *"Todos nós preferimos trabalhar à luz do dia e cercados por girassóis em vez de labutar sob céus escuros e nublados."*

Líderes de sucesso criam e mantêm ambientes de trabalho positivos, porque essa positividade se traduz em maior lucratividade, satisfação do cliente e engajamento dos funcionários. Há estudos que confirmam isso. Um deles, feito por pesquisadores da Universidade de Michigan e publicado no *Journal of Applied Behavioral Science*, descobriu que liderança e práticas de equipe virtuosas ajudam uma organização a se destacar por três motivos:

- As emoções positivas no escritório ajudam as pessoas de modo que trabalhem bem e sejam mais criativas juntas.
- Também há menos estresse e as pessoas se recuperam com facilidade de quaisquer adversidades.
- Os funcionários se sentem melhor de maneira geral, e isso faz com que sejam mais leais e estejam dispostos a dar o melhor de si.

Passei tempo suficiente em muitas organizações para observar que esse tipo de positividade é altamente contagioso dentro de uma equipe ou organização. Quando um líder emana positividade, sua equipe se sente melhor, começa a sorrir e a se engajar mais entre si, tornando-se mais interativa e colaborativa.

ENTRE EM AÇÃO

Se você já é positivo, torne-se um modelo a ser seguido

Manter a positividade pode ser natural para você, uma pessoa sempre alegre, cheia de energia e capaz de enxergar o que há de melhor nos outros e nas situações ao seu redor. Se for o caso, então continue a ser um modelo a ser seguido e compartilhe a sua positividade contagiosa, que outras pessoas vão emular e copiar.

Se você não for positivo, mude
Tem dificuldade em ser feliz e positivo o tempo todo? Você não está sozinho. Você pode até sentir que é naturalmente uma pessoa negativa, e não é fácil se livrar de uma tendência a ter esses sentimentos. Conheci líderes que admitiram se sentir confortáveis em um mindset negativo e pessimista, sem qualquer desejo de mudar a situação.

Em certa proporção, isso pode acontecer por causa do lugar onde você trabalha ou no qual vem trabalhando há algum tempo. Você vai perceber que é mais fácil romper esse mindset ou hábito negativo se trabalhar em ambientes positivos, tolerantes, divertidos e cheios de bom humor e satisfação. Encontrar um ambiente como este pode significar ter de se demitir do seu emprego atual e buscar uma cultura de trabalho mais saudável.

Você pode também procurar ajuda com um coach especializado em estilo de vida ou um terapeuta especializado em Terapia Cognitivo-Comportamental (TCC). Com sessões de TCC distribuídas ao longo de alguns meses, é possível mudar radicalmente a sua maneira de pensar e se comportar com relação a si mesmo, ao seu trabalho e à vida.

24

O QUE VOCÊ ESTÁ PRONTO PARA SACRIFICAR?

> *"Frequentemente é preciso abrir mão de algo como tempo, opções ou energia para alcançar seus objetivos."*

Pense no que estaria disposto a abrir mão enquanto busca ou cria uma carreira de sucesso em liderança. É impossível realizar todos os seus sonhos e objetivos relacionados à gestão sem sacrificar alguma coisa. Exemplos de sacrifícios que líderes têm de fazer incluem:

• Tempo é o mais comum, considerando que há uma quantidade finita de horas em cada dia e é impossível estar em todos os lugares ao mesmo tempo. Muitos líderes abrem mão de passar o tempo com a família à noite ou nos fins de semana para deixar espaço para videoconferências ou *calls*, ler e redigir e-mails, viagens e reuniões de negócios, além de lidar com crises inesperadas, emergências e prazos;

• Desapegar-se do passado também é um sacrifício comum. Como exemplo, você pode ter sido um vendedor de sucesso, acostumado a fechar os próprios acordos com clientes e a ganhar grandes comissões sobre as vendas. Ao ser promovido para liderar uma equipe de vendas, você pode perder comissões individuais e ter de se ajustar à tarefa de ajudar a fechar os acordos dos colaboradores;

• Como líder, às vezes, você deve sacrificar as próprias necessidades a fim de colocar as necessidades da sua equipe em primeiro lugar para motivá-la e inspirá-la. E isso envolve escutar e responder às necessidades dela. O resultado é que haverá ocasiões em que opiniões, ideias e objetivos dos outros terão mais peso do que os seus;

• Certo dia, você pode ter de fazer um dos maiores sacrifícios — pedir demissão e abrir mão do seu cargo de liderança para assumir a responsabilidade e as consequências por erros sérios ou mau desempenho, seus ou da equipe.

ENTRE EM AÇÃO

Sacrifícios para dar o exemplo certo
Se você é um líder que faz sacrifícios, isso pode ser muito inspirador e motivador para a sua equipe. Pode facilitar o processo para que eles ajam do mesmo jeito.
- Trabalhar ocasionalmente durante um fim de semana ou outro pode estimulá-los a fazer o mesmo quando necessário;
- Deixar suas necessidades de lado para valorizar as dos colaboradores pode encorajá-los a fazer o mesmo com outros colegas.

É assim que se lidera pelo exemplo, uma habilidade essencial para qualquer líder de sucesso.

Você se sente confortável com seus sacrifícios?
Tente pensar em todos os aspectos das suas escolhas antes de tomar decisões. Ninguém quer se arrepender posteriormente dos sacrifícios que fez. Por exemplo, não faz sentido trabalhar além do horário com frequência à procura de conquistar uma promoção se isso prejudicar o seu casamento, ou se você só vir seus filhos depois que eles estão dormindo. Você terá alcançado um sucesso passageiro na carreira em troca de, mais tarde, olhar para trás e se arrepender do caminho que escolheu.

Algumas coisas não são negociáveis
Nunca sacrifique sua ética, integridade e caráter só para conseguir realizar metas e ambições relacionadas à liderança. Exemplos nesse sentido incluem: não trapacear ao roubar ideias de outras pessoas e alegar que são suas para avançar na carreira, ou fingir ter completado uma tarefa apenas para ganhar um bônus.

25

NÃO DIGA "SIM" QUANDO QUER DIZER "NÃO"

> *"Vivemos em um mundo de falsidades, no qual as pessoas raramente dizem o que pensam de verdade."*

Pare de dizer "não" quando você quer dizer "sim", e pare de dizer "sim" quando você quer dizer "não". Em vez disso, seja honesto com si mesmo. Todos somos culpados, em maior ou menor grau, por agir assim. Às vezes, isso até acontece por razões muito boas, tais como:
- Para não magoar ou irritar alguém;
- Para permitir que outra pessoa ganhe uma discussão;
- Para não precisar sair da zona de conforto.

Como líder, é preciso fixar um elevado padrão de comportamento, considerando que possui responsabilidades sobre as pessoas que o seguem. Não importa se lidera uma equipe pequena ou uma organização. Suas palavras, ações e decisões podem desempenhar grande impacto. Há muitas maneiras pelas quais você e sua equipe são impactadas quando diz "sim" ou "não" de maneira pouco nítida.

Concordar e dizer "sim" quando...	Dizer "não"...
• Solicitam mais trabalho, mesmo quando não é possível distribuir outras tarefas aos membros da equipe.	• A uma promoção no emprego, porque você está em sua zona de conforto e teme não se dar bem na nova função, mesmo sabendo que seria ótimo para a sua carreira.

- Pedem para diminuir o tempo total de um projeto, fazendo com que o prazo final seja impossível de cumprir.
- Perguntam se você concorda com a opinião do seu chefe sobre um assunto importante, quando, na verdade, você não concorda.
- Dizem para aceitar cortes de verba e pessoal no seu departamento que você sabe serem descabidos, pois isso vai fazer com que seja impossível cumprir as metas.
- A uma oportunidade para que você e sua equipe façam uma apresentação à diretoria global, pois não se sente confortável para fazer apresentações, mesmo sabendo que a visibilidade seria fantástica para você e sua equipe.
- A liderar uma equipe de projeto, apesar da enorme exposição e experiência que esse cargo lhe daria.

É hora de parar de agir dessa maneira desonesta e ser sincero.

ENTRE EM AÇÃO

Faça a coisa certa, começando hoje
Antes de encarar o dilema entre dizer "sim" ou "não", é importante reservar um tempo para você pensar a respeito. Determine quando um "sim" é a resposta ideal a ser dada e quando um "não" é a resposta preferível.

Quando chegar a uma decisão, tenha...

A coragem de dizer "sim"
- Para aproveitar as oportunidades que você quer, apesar de ansiedades e medos que surgem quando entramos em terreno desconhecido;
- Para sair da zona de conforto, apesar do medo de enfrentar situações novas;
- Mesmo que isso possa chocar ou magoar outras pessoas;
- Erguendo a cabeça e superando a timidez, a modéstia e a introversão.

A força para resistir e dizer "não"
- Não aceitar mais feedbacks, pedidos e conselhos com os quais você não concorda;
- Ao ser assertivo e claro na sua comunicação;
- Com uma postura impassível para enfrentar críticas e a pressão dos colegas;
- Ao aceitar que você pode contrariar seus colaboradores, em especial se sempre dizia "sim" no passado.

Esses passos não são fáceis. Às vezes, você vai precisar criar coragem e se jogar de cabeça.

26

PEÇA E ACEITE FEEDBACK

> *"Um feedback positivo e construtivo para um líder é como água e luz para uma planta: a energia faz com que o líder consiga crescer, se expandir e florescer."*

Imagine que você jamais tenha recebido feedback, opiniões ou observações de qualquer tipo sobre seus comportamentos, estilos, hábitos e desempenho no trabalho. Você pode desenvolver a impressão de que é perfeito, porque ninguém nunca comentou a respeito ou o criticou. Mas isso seria perigoso. Sem feedback, você fica sem saber como pode melhorar e crescer como líder, ou se o que está fazendo é bom ou um completo desastre. Você não compreenderia a maneira com que outras pessoas o percebem e como é a experiência que os colaboradores têm em sua companhia. Seria como dirigir um carro sem os espelhos retrovisores. E tudo à sua volta seria ponto cego que você não consegue enxergar.

Líderes de sucesso sempre buscam feedback para terem um entendimento mais claro daquilo que outras pessoas pensam e esperam deles, da equipe e do trabalho. Os insights conquistados ajudam você a melhorar a maneira como lidera a si mesmo e aos outros.

Não é preciso concordar com tudo o que ouve, mas não é melhor saber o que os outros pensam e sentem em vez de ficar na ignorância? Por sorte, o feedback normalmente é gratuito e fácil de se obter. E você pode procurá-lo em relação a qualquer aspecto de si mesmo e do seu trabalho. Por exemplo, sobre como você está liderando, motivando, comunicando, tomando decisões e colaborando. Você pode pedir feedback a qualquer pessoa que conheça você e o seu trabalho, embora nem todo mundo a quem perguntar possa estar disposto a responder ao seu pedido. E você deve respeitar os desejos da pessoa. Há pessoas que podem relutar em dizer coisas negativas por medo de causar desconforto. Podem também achar que não o conhecem o suficiente ou simplesmente que não têm nada de útil a dizer.

ENTRE EM AÇÃO

Busque o feedback de modo regular e proativo
Antes de tudo, descubra se a sua organização já tem uma política de feedback estabelecida. O tipo mais comum é feito anual ou semestralmente mediante questionário on-line, no qual as respostas são reunidas e repassadas a você em forma de feedback anônimo.

Esse processo é um ótimo começo, mas não chega nem perto de ser o suficiente. É melhor, também, buscar feedback mais regularmente e de maneira mais informal para que consiga ter uma noção mais evidente de como você e o seu trabalho de liderança são vistos. Peça aos seus subordinados que lhe deem feedbacks mensais na forma de respostas sobre estas questões. O ideal é que esse feedback seja dado verbalmente.

- "Quais são as suas observações sobre mim como seu chefe no decorrer deste último mês? O que fiz bem e o que não fiz tão bem?";
- "No mês que vem, o que você recomenda que eu tente fazer mais e/ou fazer melhor?".

Essa segunda pergunta é conhecida como *feedforward* e é o oposto do feedback. É o momento no qual você pede às pessoas que lhe deem conselhos para o futuro, em vez de reflexões sobre seus comportamentos passados.

Sempre agradeça às pessoas que lhe dão feedback com um e-mail ou pessoalmente. Não se espera que você siga todas as sugestões que receber, mas pondere sobre cada ideia e conselho que possam ajudá-lo a se tornar um líder melhor.

27

ENFRENTE A RESISTÊNCIA A MUDANÇAS

> *"As pessoas raramente pulam de alegria quando veem alguma coisa mudando em suas vidas."*

Sempre há algo mudando, sempre há algo novo ou diferente acontecendo. E é raro que alguma coisa continue como sempre foi por muito tempo. Para um líder, enfrentar todas as mudanças ocorrendo ao redor pode ser incrivelmente difícil. Um líder típico pode se sentir bem e confortável com relação à maneira que os acontecimentos fluem. Mas, de repente, uma mudança enorme e assustadora surge, fazendo com que fiquem:

- Confusos, desmotivados, desconfortáveis, transtornados e até mesmo temerosos;
- Contrariados em aceitar a mudança, escolhendo, em vez disso, resistir e bater de frente;
- Tão descontentes que podem até mesmo pedir demissão.

Faz parte da natureza humana sentir esse tipo de dificuldade, porque é difícil ser obrigado a deixar o antigo para trás e abraçar o novo, abrir mão do que é familiar em troca do desconhecido. Tais reações à mudança são comparáveis à maneira como você lida com a morte de um ente querido. Em sua obra famosa, *Sobre a morte e o morrer*, a dra. Elisabeth Kübler-Ross descreve um processo previsível de luto que é exatamente igual ao processo pelo qual passamos quando temos de lidar com qualquer mudança desafiadora. Os estágios desse processo são:

- Ficar chocado ou surpreso;
- Sentir raiva, frustração e confusão;
- Querer negociar e barganhar;
- Encontrar aceitação.

Líderes de sucesso se acostumam, junto a suas equipes, a passar por esse processo de lidar com a mudança.

ENTRE EM AÇÃO

Enfrente os estágios do luto

Independentemente de trabalhar sozinho ou com a equipe, você precisa passar pelos diferentes estágios a fim de confrontar, entender e aceitar qualquer mudança.

- Aceite que leva tempo para se recuperar de qualquer choque e surpresa, mas não negue a necessidade de mudar nem ignore o fato de que uma mudança realmente vai acontecer;
- Entenda a razão pela qual é necessário mudar e procure entender as razões positivas e os benefícios da transição. Compartilhe as razões com sua equipe em busca de ajudá-la a enxergar as mudanças de maneira mais positiva. Às vezes isso pode ser difícil, em especial se você ou sua equipe sentir que a mudança é uma situação desnecessária ou até mesmo ruim, sem nenhum tipo de argumento capaz de alterar esse modo de pensar;
- Permita que a equipe expresse seus sentimentos e ajude-a a entender que qualquer mudança demanda esforço, que pode parecer assustadora e que é comum sentir ansiedade e até mesmo medo quando precisa encarar uma situação nova;
- Dê tempo para que as pessoas discutam sobre o que está acontecendo. É natural que alguém queira saber se a mudança tem de acontecer agora e conforme o planejado;
- Ajude e estimule sua equipe a se sentir confortável e a aceitar, em vez de simplesmente se conformar em viver com a mudança. É óbvio que ajuda muito se você também aceitar e concordar com a transição. E se já tiver superado as próprias preocupações e reservas, é ainda melhor. Por isso, tente agir em si mesmo para começar.

Dê tempo extra às pessoas

Alguns colaboradores têm dificuldades para lidar com mudanças. Passe mais tempo conversando com eles para compreender por que motivo resistem ou se sentem infelizes. E se esforce ao máximo para responder a essas preocupações. Por exemplo, se as pessoas:

- Ficam na defensiva porque não têm as novas habilidades ou o conhecimento necessário, assegure-se de explicar que você pode providenciar treinamento;
- Imaginam que vão ter dificuldades com os novos processos, ofereça-se para dar o apoio necessário;
- Sentem-se estafadas e encaram a mudança como a "gota d'água", conceda-lhes um tempo de folga ou um pouco mais de cuidado e atenção.

28

APRENDA COM OS FRACASSOS

> *"Nunca falhar é a maneira mais fácil de ter a certeza de que você não chegará ao sucesso."*

Você se preocupa com a possibilidade de cometer erros, tomar decisões erradas e fazer escolhas equivocadas? Você não seria a única pessoa a fazê-lo. Nove entre cada dez líderes admitem que a principal preocupação que lhes tira o sono é o medo do fracasso. Este é um dos resultados de uma pesquisa publicada em 2018 pela *Norwest Venture Partners*, que entrevistou duzentos CEOs e fundadores de empresas privadas com foco em investimentos e capital.

No mundo incerto em que vivemos, o fracasso é inevitável. Você pode minimizar a possibilidade de isso acontecer empregando todas as formas de expertise e sabedoria para ajudar a garantir que suas ações e decisões sejam excelentes. Mas ainda haverá dias em que, por quaisquer razões possíveis, você vai fracassar:

- A receita das vendas fica muito abaixo das previsões iniciais;
- Os custos de construção de uma nova fábrica são o dobro do valor que você orçou;
- O membro recém-contratado da sua equipe tem um desempenho ruim e deve ser demitido;
- Sua estratégia de negociação com um fornecedor-chave não funciona;
- Você vinha tentando conquistar um novo cliente para a sua empresa, mas o perde para um concorrente;
- Sua estratégia eleitoral é fraca e você é o candidato que recebe menos votos no total.

Como você reage quando não consegue conquistar o que planejou ou quando tomou uma decisão ruim? Provavelmente fica constrangido, preocupado com o seu emprego, sente vontade de esconder o fracasso e talvez desviar a culpa, apontando o dedo para a pessoa ao lado. São reações comuns. Mas o pior é o seguinte: descobri que líderes, às vezes, tampam os ouvidos e evitam a todo custo falar sobre seus fracassos, agindo como se nunca tivessem acontecido. Líderes de sucesso, entretanto, sabem que agir assim é uma receita para o desastre. Para melhorar como líder, você deve abraçar suas dificuldades e fracassos e explorar as lições que pode extrair deles. Assim, você vai poder crescer, superar a situação e não cometer o mesmo erro outra vez.

ENTRE EM AÇÃO

Desenvolva um mindset de experimentação
Seja um líder que tem tolerância para o fracasso e que estimula a equipe a experimentar e explorar constantemente, a tentar adotar novas ideias, novas pessoas, novas maneiras de trabalhar e assim por diante. Motive e inspire a sua equipe para que nunca se retraiam por medo de fracassar. Em vez disso, estimule-a a inovar, entendendo que as coisas raramente acontecem conforme o planejado e que, às vezes, um resultado desfavorável pode abrir a porta para sucessos e descobertas.

Aprenda com o que aconteceu
Erros acontecem. Sua função como líder é criar uma cultura de trabalho na qual todos entendam isso; seus liderados devem ter a mente aberta e refletir bastante para fazer um exercício do tipo "lições aprendidas" depois de cada fracasso para maximizar o retorno do esforço investido.

Quando o fracasso acontecer de verdade, sente-se com seus colaboradores em busca de explorar e responder de maneira clara estas duas questões:
- "O que podemos aprender com isso, o que aconteceu e por quê?";
- "Como podemos ficar mais fortes e sábios, e como garantir que vamos ter mais sucesso nos próximos projetos?".

Não trate essas sessões como oportunidade de apontar culpados e magoar uns aos outros. Devem ser sessões de *brainstorming* com o objetivo explícito de ajudar todos a crescer e a ter mais sucesso no futuro.

29

NÃO CONFIE EM VITÓRIAS PASSADAS

> *"Sucessos no começo da carreira não garantem os sucessos de hoje."*

Os membros da sua equipe que têm o melhor desempenho podem ser os piores candidatos para liderar a equipe por uma série de razões. O principal erro que você pode cometer é promovê-los para uma posição de liderança. Por exemplo:

- Um profissional de vendas de alta performance, focado 100% no seu sucesso de vendas, pode ter dificuldades de se afastar da função para coordenar uma equipe de vendas inteira. Ele pode não querer abrir mão do foco no próprio trabalho e ter dificuldades com tarefas como treinar, motivar e apoiar a equipe a conquistar seus próprios objetivos de vendas e de carreira;
- Uma engenheira de software dedicada está tão acostumada a trabalhar sozinha, confiando na própria personalidade introspectiva para ajudá-la a resolver os problemas que surgem, que pode ter dificuldades em liderar um departamento que exija que ela seja uma comunicadora capaz de inspirar os subordinados;
- Uma contabilista *workaholic* e minuciosa é promovida ao cargo de gerente financeiro, e é raro que delegue tarefas em sua nova função. E, quando delega, não consegue deixar de microgerenciar os membros da equipe;
- O membro mais entusiástico e dominante de uma equipe de marketing é indicado como líder. Ele é admirado pelos colegas mais antigos, mas seus colaboradores imediatos se recusam a trabalhar sob suas ordens, dizendo que ele é egoísta demais, que nunca escuta o que a equipe diz e que só está preocupado com o próprio sucesso e visibilidade.

É comum que alguém seja promovido de acordo com o seu desempenho anterior e que, em um cargo novo e mais elevado na hierarquia, encontre dificuldades para ter sucesso. Ou talvez não consiga lidar com a enorme carga de trabalho ou a complexidade dos problemas. Muitas vezes, é o que chamamos "ser promovido ao seu nível de incompetência". É uma razão comum para alguém que sempre teve muito sucesso falhar de repente em sua carreira, podendo até mesmo ser demitido por isso. É uma coisa que líderes de sucesso nunca permitem que aconteça aos membros da sua equipe ou a si mesmos.

ENTRE EM AÇÃO

Saiba a diferença entre desempenho e potencial
Como você separa o desempenho de uma pessoa hoje e seu potencial para ter sucesso em funções maiores amanhã? O mesmo se aplica a você em termos do seu próprio desempenho e potencial. A maioria das empresas globais reconhece isso. Elas monitoram e gratificam seus funcionários de acordo com dois critérios separados:
- Seu desempenho real no trabalho até a data atual;
- Seu potencial para crescer na organização e obter sucesso em cargos maiores.

Por esse motivo, um líder, ou um funcionário de alto desempenho, pode receber grandes bônus ao exceder suas metas anuais ou indicadores-chave de desempenho (KPIs), mas ainda assim não ser visto como alguém pronto para uma promoção rumo a um cargo superior que reúna mais responsabilidades.

Não fracasse em seu primeiro cargo de liderança
Quando tiver a sorte de ser promovido a um cargo de liderança, seja humilde o suficiente para admitir que as habilidades que trouxeram você até aqui podem não ser adequadas ou suficientes para a nova função. Para conseguir ter sucesso de verdade em seu novo cargo de liderança, você precisa de habilidades, estilos e comportamentos novos. Se não tem certeza de quais são, pergunte ao seu chefe e aos que estiverem em cargos de liderança similares ao seu. Suas novas habilidades provavelmente incluem aprender a:

- Não mais fazer tudo sozinho; em vez disso, delegar e dar autonomia à equipe;
- Afastar-se em vez de ser tão meticuloso em relação aos detalhes, não microgerenciar demais e, além disso, confiar no trabalho das outras pessoas;
- Dar o devido crédito aos membros da equipe em vez de simplesmente tomá-lo para si;
- Não ser um solitário ou um único contribuinte. Em vez disso, é preciso se comunicar mais com os outros, saindo de uma mentalidade focada no "eu" e passando a focar no "nós";
- Controlar suas emoções, porque agora você tem uma equipe que vai ser influenciada e impactada pelas suas reações.

30

APRENDA, DESAPRENDA, REAPRENDA

> *"Os melhores líderes são como crianças na escola: passam seus dias aprendendo."*

Vivemos em um mundo onde novos conhecimentos e fatos surgem o tempo todo. Até 1900, estimava-se que a quantidade de conhecimento humano dobrava a cada cem anos. Desde então, esse tempo vem diminuindo de maneira dramática. Hoje em dia, estima-se que a informação e o conhecimento totais da humanidade dobram quase que todo dia.

Ao mesmo tempo, uma quantidade enorme de conhecimento está rapidamente ficando datada e ultrapassada — ideias que são válidas hoje podem ter pouca relevância ou valor amanhã.

Como líder, você deve trabalhar esse crescimento exponencial de conhecimentos disponíveis, tendo consciência de que, tipicamente, eles têm relevância e utilidade com prazos cada vez menores. Vemos esse fenômeno por todos os lados:

- Um novo processo de manufatura ou cadeia de suprimentos que fica obsoleto no período de um ano;
- Dados sobre um novo mercado consumidor para os seus produtos se tornam inúteis após meses;
- Exige-se a adoção de novos estilos de "melhores práticas" em liderança praticamente todo ano;
- Atualizar-se com relação às novas e infindáveis ameaças de cibersegurança e outros desafios à gestão de riscos;
- Ter de lidar com atualizações numerosas de todos os sistemas e processos que você gerencia;
- Adaptar-se de modo contínuo a novas regras e procedimentos sobre qualquer setor, desde privacidade de dados até governança corporativa;

- Pressões constantes para se reestruturar e reorganizar diante de novas evidências de que as coisas podem ser feitas de maneiras melhores.

É impossível ser um líder de sucesso se você não aprende, desaprende e reaprende constantemente. É pior ainda se você não tem interesse em ler artigos ou livros, participar de conferências ou ouvir as ideias e experiências de outras pessoas. Você está perdido se não se sente confortável em abrir mão de velhas opiniões e compreensões para dar espaço a novos conceitos e ideias. Liderança e aprendizado são indispensáveis um ao outro. Dentro de pouco tempo, os CEOs podem passar a ser conhecidos como CLOs (*Chief Learning Officers*, ou executivos de aprendizado). E as entrevistas de emprego para cargos de gerência podem se concentrar na disposição e capacidade de um candidato para o aprendizado em vez de em suas qualificações e conquistas passadas.

ENTRE EM AÇÃO

Ajuste o seu mindset

Você se sente confortável quando suas hipóteses, suas crenças e seus entendimentos são desafiados por novas ideias e aceita que muito do conhecimento e da compreensão atuais vão se tornar redundantes? Se isso não acontece, é melhor que aconteça.

Todos os meses, faça uma avaliação de conhecimento, analisando o seguinte:
- As novas ideias e os conceitos com que você se deparou no mês anterior que parecem importantes para o seu trabalho, mas que você talvez ainda não compreenda por inteiro;
- Os conhecimentos, processos, as *hard skills* e *soft skills* sobre as quais você precisa aprender;
- Quais padrões de pensamento, ideias e conhecimento antigos não são mais relevantes e já foram ultrapassados.

Chame um colega ou mentor que pense do mesmo jeito para discutir as questões elencadas e para insistir que você busque quaisquer novos treinamentos e aprendizados necessários, além de encorajá-lo a deixar de lado pensamentos e ideias já ultrapassadas.

Ler é a chave
Sempre há algo novo sobre o qual você pode ler ou ouvir que aprimore o seu conhecimento e a sua sabedoria. Pode ser algo relacionado a habilidades técnicas, de liderança, sua organização, ramo de atuação ou ao ambiente de negócios.

Use seu tempo com sabedoria e sempre leve consigo esses materiais para ler em qualquer momento tranquilo, como durante voos ou percursos de táxi. Você pode também ouvir podcasts no carro, no caminho para o trabalho.

31

PROCURE DESAFIOS PROATIVAMENTE

> *"Você não está sendo um líder se nunca se propuser a enfrentar problemas e desafios."*

A liderança é uma expedição que envolve levar equipes, empresas e organizações rumo a territórios novos, com diferentes desafios. Tais desafios podem surgir da necessidade de abraçar novas oportunidades, aproveitar ideias, tecnologias e mercados, ou da necessidade de lidar com todos os tipos de problemas, ameaças e riscos.

Todos esses obstáculos devem ser enfrentados. Líderes de sucesso nunca os evitam, não importa quanto pareçam complicados, nebulosos ou até mesmo perigosos à primeira vista. Às vezes, serão encarados com urgência e velocidade. Outras, será calmo e executado somente após um planejamento cuidadoso. Grandes líderes com frequência dão um passo além — em vez de esperar que os desafios cheguem, saem para caçá-los.

Além de ajudar a organização, quando um líder se dispõe a sair da zona de conforto e buscar os desafios necessários, também melhoram a própria visibilidade e as oportunidades de carreira. Ao levantar a mão e se oferecer para enfrentar desafios, como liderar projetos e tarefas difíceis, você se coloca sob os holofotes. E os colaboradores em cargos superiores começam a vê-lo como o líder a quem podem recorrer, que está disposto a assumir tarefas difíceis e arriscadas, destacando-se dos outros.

ENTRE EM AÇÃO

Transforme em um hábito a busca por desafios
Reúna a sua equipe e faça sessões regulares de *brainstorming* visando descobrir e avaliar todos os possíveis desafios que ainda não tenham

reconhecido e enfrentado. Tais desafios podem já existir ou pode haver outros cujo surgimento você prevê em um futuro próximo. Os problemas ou obstáculos podem assumir várias formas, como:
- Você percebe a crescente dificuldade em contratar mão de obra;
- O estoque de uma matéria-prima essencial está se esgotando em sua unidade industrial;
- Um cliente-chave parece ter problemas cada vez mais sérios com o fluxo de caixa;
- Funcionários importantes estão se aposentando sem haver sucessores para assumir as vagas;
- Há tensões crescentes entre departamentos da sua empresa;
- Um novo concorrente acabou de lançar um produto a um preço mais baixo que pode conseguir uma fatia do mercado.

Tenha a consciência de que a disposição em assumir tarefas desafiadoras pode ter desvantagens, tais como a necessidade de trabalhar mais horas por dia e o risco de ficar estressado. Tome cuidado para não exagerar nisso e procurar problemas para resolver apenas porque eles existem, ou de ser visto como alguém que encontra desafios escondidos em cada canto e debaixo de cada pedra. Sua equipe pode ficar irritada com o fato de que você está criando mais trabalho para eles sem necessidade.

Crie um plano de ação para encarar cada desafio

Você precisa decidir como responder a cada desafio que descobre e observa.
- Envolva os colaboradores e membros relevantes da equipe para ajudá-lo a analisar e entender cada problema, e também para decidir como vocês vão abordá-lo e resolvê-lo;
- Decidam juntos se é preciso responder ao desafio de imediato, em uma data posterior ou mesmo se ele pode ser totalmente ignorado;
- Criem um plano de ação;
- Cheguem a um consenso sobre a obtenção dos recursos e as aprovações necessárias para implementar o plano de ação.

32

PREPARE-SE PARA TEMPESTADES OCASIONAIS NA EQUIPE

> *"Novos membros podem desequilibrar uma equipe existente. É como jogar uma pedra em um lago tranquilo."*

Uma equipe passa por uma série de estágios similares àqueles que enfrentamos quando saímos da infância, passamos pela adolescência e chegamos à fase adulta da vida. É fundamental ajudar a equipe a navegar pelos primeiros estágios que, potencialmente, são os mais disruptivos.

- **Estágio de formação**: este é o primeiro estágio, quando uma equipe acabou de ser criada e tudo ainda é novo. As situações não estão plenamente compreendidas ou alinhadas. Os relacionamentos ainda não estão desenvolvidos, os objetivos não estão alinhados e as tarefas a realizar não foram acordadas. Uma equipe já estabelecida pode recuar para este estágio de formação quando houver uma mudança significativa, como a indicação de um novo chefe, novos membros que se juntam à equipe ou quando os objetivos e metas da equipe são alterados;
- **Estágio de tempestades**: você pode comparar este estágio com os anos rebeldes da adolescência de uma pessoa. É quando os membros da equipe ficam mais acomodados e confortáveis e começam a aprender o que podem fazer sem haver represálias. Isso pode envolver manifestações mais ríspidas, desafiar ou cortar despesas importantes, e é o estágio mais difícil de uma equipe. Se não for bem administrado, este estágio pode resultar em conflitos, situações em que um membro empurra a culpa para outro e comportamentos pouco saudáveis que resultam em relacionamentos ruins e desempenho fraco;
- **Estágio de regramento**: este é o momento no qual uma equipe supera os desafios do estágio de tempestades e passa a operar como

uma equipe saudável e alinhada em termos de metas, confiança e colaboração;
- **Estágio de desempenho**: este é o estágio ideal para qualquer equipe, evidenciado pelos altos níveis de motivação, interação, transparência, responsabilidade, compartilhamento. Neste estágio, quaisquer conflitos tendem a ser saudáveis.

Você sente que esses estágios são familiares, considerando as equipes com que trabalhou ou que liderou até hoje? Eles são parte de um modelo de desenvolvimento de equipes proposto por um professor norte-americano de psicologia, Bruce Tuckman, na década de 1960, que resistiu bem ao tempo e é uma lente pela qual se consegue compreender qualquer equipe que você seja designado para liderar.

O modelo pode ajudá-lo a se concentrar em como você precisa ajudar a sua equipe a se tornar um time de desempenho elevado o mais rapidamente possível.

ENTRE EM AÇÃO

Administre bem uma equipe
- Escolha bem os novos membros em termos de personalidade, mindset e atitude para ter a certeza de que eles vão se encaixar bem na equipe atual. Sempre prefira alguém que saiba trabalhar em equipe em vez de uma pessoa individualista, para ter a certeza de que a nova pessoa vai colaborar e compartilhar o dia a dia com os outros membros;
- Apresente novos objetivos, metas, processos e sistemas com cuidado para minimizar mal-entendidos, sobrecarga de trabalho, estresse e desmotivação. Passe um tempo extra se comunicando com todos os membros para que compreendam tudo de modo pleno, incluindo a aceitação de quaisquer mudanças que você precise fazer;
- Na função de novo líder de uma equipe, não se torne o motivo pelo qual o engajamento e a produtividade da equipe podem diminuir. Faça as coisas devagar, observe e escute antes de agir. Reconheça que a equipe estava acostumada com o estilo do seu predecessor e que precisa de tempo para se ajustar ao seu estilo de liderança e às suas expectativas.

Supere o estágio das tempestades
- Quais regras de conduta você precisa para garantir que a sua equipe trabalhe de maneira pacífica e coordenada? Crie essas regras e as mantenha. Elas podem incluir ideias como: se você precisa que as pessoas se preparem bem para reuniões com a gerência, comunique isso com clareza e exija consistentemente que isso aconteça. Do mesmo modo, se precisa que os colaboradores ajudem uns aos outros com rapidez e ênfase, transforme isso em um tema sobre o qual você fala e discute com regularidade;
- Passe o tempo construindo níveis altos de confiança, encorajando uma comunicação aberta e abordando quaisquer possíveis conflitos e mal-entendidos ainda em seus estágios iniciais;
- Invista em atividades de entrosamento e eventos sociais para a equipe visando ajudar os colaboradores a estabelecerem elos e confiança entre si;
- Dê bastante feedback a cada um dos membros da equipe em sessões individuais e permita que também lhe deem feedback sobre o papel que você exerce como líder. Tal cultura de comunicação aberta pode permitir que as pessoas compartilhem suas preocupações e problemas antes que eles se transformem em situações mais sérias.

33

COLOQUE-SE NO LUGAR DO OUTRO

"Você só entende de verdade as outras pessoas quando tenta ver o mundo através dos olhos delas."

Demonstrar empatia faz aflorar o que há de melhor no ser humano. As pessoas a quem você demonstra empatia em geral se sentem valorizadas, compreendidas e reconhecem o esforço feito para entender suas preocupações, problemas, necessidades e sonhos. Você não precisa ser empático só com os seus subordinados. Isso vale para qualquer pessoa com quem você trabalhe, incluindo colaboradores, clientes e fornecedores.

- Ter empatia pelos seus clientes permite que você entenda por completo os problemas que enfrentam e nos quais precisam da sua ajuda para resolver;
- Da mesma maneira, ao compreender seus fornecedores, você pode criar uma parceria mais sólida e duradoura de entendimento mútuo e expectativas alinhadas.

Empatia é entender outras pessoas — suas emoções, sentimentos, humores e necessidades. É algo que forma parte da inteligência emocional. Normalmente chamada de QE, Quociente Emocional, sua inteligência emocional consiste de quatro fatores-chave interligados:

- Autopercepção;
- Autocontrole;
- Empatia;
- Interação social.

De maneira típica, se você passou algum tempo conhecendo bem a si mesmo, tornando-se autoperceptivo, vai ser mais fácil ser uma pessoa empática. Ser empático é uma escolha e pode ser aprendido e praticado.

A empatia é essencial para o sucesso de qualquer líder. Sem ela, você vai ter dificuldades para inspirar e motivar sua equipe e será visto como um líder frio e indiferente.

ENTRE EM AÇÃO

Demonstre empatia em momentos desafiadores

Se você quer ser reconhecido como um líder verdadeiramente inspirador, assegure-se de demonstrar empatia durante momentos difíceis para seus colegas de trabalho, sua organização ou seus clientes. Mire-se no exemplo de Jacinda Ardern, a primeira-ministra da Nova Zelândia.

Em 2018, ela demonstrou uma enorme empatia, dedicando seu tempo para estar junto de familiares das pessoas mortas durante tiroteios em mesquitas no seu país. Quando um desastre ou uma tragédia ocorre, pode ser muito fácil se concentrar em sentimentos de inveja, raiva ou aflição. Mas é preciso um grande senso de liderança para também demonstrar compaixão, compreensão e carinho.

No trabalho, há muitos exemplos de quando a sua equipe vai precisar de apoio e compreensão extras:
- Vocês perdem um grande cliente e isso frustra a equipe de vendas;
- Sua equipe fica estafada devido ao excesso de trabalho;
- Um dos membros da equipe não consegue completar um projeto dentro do prazo e fica muito contrariado;
- Um funcionário importante é atraído por um concorrente e o restante da equipe precisa trabalhar além do horário para compensar a ausência.

Em casos como esses, você deve entender e reconhecer como a sua equipe se sente, dar tempo para que conversem, lamentem, tirem dias de folga ou reduzam o estresse.

Seja rigoroso, mas com empatia
- Como líder, você sempre vai precisar ter conversas difíceis e dar feedbacks críticos. Não se esqueça de fazer isso com empatia;
- Quando precisar dar uma bronca em alguém, faça isso em particular e mantenha as emoções sob controle. Converse com calma e dê tempo à outra pessoa para refletir e responder;

- Se você precisa dispensar alguém da sua empresa, faça o que deve ser feito. Mas demonstre a sua empatia avisando a pessoa com antecedência, dando apoio e fazendo o melhor acerto financeiro possível.

34

SAIBA QUANDO É HORA DE FICAR EM SILÊNCIO

"Com muita frequência, são as palavras que saem da boca de um líder que causam a sua queda."

Você é o tipo de líder que sempre encontra alguma coisa para dizer em vez de ficar em silêncio? Muitos líderes possuem esse tipo de característica: parecem desesperados para que as pessoas ouçam sua voz e raramente conseguem guardar suas opiniões e ideias para si.

Tenho certeza de que você já percebeu esse hábito com frequência:
- Uma pessoa que sempre critica um colega por ter se atrasado para uma reunião;
- Um gerente que vive fazendo piadas de gosto duvidoso com os colaboradores;
- Um líder que sempre insiste em ter a última palavra em qualquer discussão, independentemente de ser útil ou inadequada;
- Um colaborador que sempre faz comentários sobre a aparência e as escolhas de vida de outras pessoas.

Agir dessa maneira, sempre dizendo o que lhe vem à cabeça, é uma receita para o desastre e vai fazer com que você fracasse como líder. Com o tempo, vai acabar alienando cada vez mais os colegas, pois não os ouve nem os respeita enquanto parece menosprezar, criticar em excesso e desmotivá-los.

Conforme você sobe pela hierarquia da empresa, suas palavras têm mais impacto e, consequentemente, mais peso. E essas palavras tendem a afetar demais as pessoas. É possível ver isso ao observar líderes globais, como o presidente dos Estados Unidos ou o primeiro-ministro do Reino Unido, cujas mensagens podem inspirar ou irritar milhões de pessoas.

ENTRE EM AÇÃO

Distribua elogios com rapidez, mas vá devagar com as acusações
Antes de falar, pare e pense. O que você tem a dizer vai fazer com que alguém se sinta bem e deixar a pessoa feliz ou vai ter o efeito oposto, deixando-o triste e se sentindo mal? Vá em frente e compartilhe as palavras positivas, mas pense antes de ser negativo e crítico, e decida se é absolutamente necessário magoar alguém com suas palavras. Às vezes é preciso. Mas talvez você esteja sendo crítico apenas porque quer provar um ponto de vista, ganhar uma discussão ou colocar alguém no seu devido lugar. Você pode estar simplesmente agindo por hábito, e, se parar para pensar, pode decidir que precisa mudar o que planeja dizer. Talvez seja melhor deixar isso para o dia seguinte. Depois de uma boa noite de sono, decida se ainda precisa dizer o que havia planejado.

O mesmo tipo de pensamento se aplica a piadas, comentários e histórias. Alguns vão deixar uma sensação positiva de bem-estar e podem ser compartilhados sem problemas, enquanto outros podem ser ofensivos, insensíveis ou discriminatórios.

Pare por um momento antes de clicar em "enviar"
Não é apenas ao falar verbalmente que deve se tomar cuidado. Você pode cometer o mesmo erro nos e-mails que envia. É notória a facilidade de enviar e-mails sem pensar muito a respeito. Da próxima vez que estiver prestes a clicar no botão de "enviar", pare e verifique o tom, o significado e a intenção da sua mensagem. Uma vez que outra pessoa ouça ou leia as suas palavras, é tarde demais. Você pode se desculpar, mas o estrago está feito. Tente escrever uma primeira versão do seu e-mail e salvá-la como rascunho. Volte a ela mais tarde e só pressione "enviar" se tiver certeza de que a sua escolha de palavras é adequada.

35

APROVEITE SEUS PONTOS FORTES

> *"Concentre-se no que está funcionando em vez de tentar consertar o que não está."*

É da natureza humana buscar sempre o lado negativo de qualquer situação antes de observar o positivo. Com pessoas, temos a tendência de sempre perceber as fraquezas de alguém em vez de seus pontos fortes. Fazemos a mesma coisa conosco, preocupando-nos com defeitos em vez de reconhecer e celebrar os pontos fortes e as características positivas.

Isso respinga no mundo do desenvolvimento da liderança, em que temos a tendência a nos concentrar em lacunas e fraquezas dos líderes. Agindo assim, tentamos criar grandes líderes que são bons em tudo. Mas trata-se de um erro.

Fazendo uma analogia com esportes, quantos atletas foram forçados a se tornar bons em tudo e se transformaram em campeões em várias modalidades? Bem poucos, sendo que a maioria se concentra em suas áreas de maior talento: David Beckham com o seu controle de bola; Serena Williams no domínio de uma quadra de tênis; e Tiger Woods com sua habilidade de acertar uma bolinha de golfe com precisão. Imagine o esforço desperdiçado se David, Serena ou Tiger tivessem sido obrigados a serem excepcionais em vários esportes, desenvolvendo habilidades que nunca lhe foram promissoras. Para líderes, vale a mesma lógica. Focar e fazer bom uso dos seus pontos fortes vai ajudá-lo a prosperar e ter sucesso. A metodologia de liderança baseada em pontos fortes reconhece que:

- Líderes têm qualidades particulares inatas ou que se desenvolveram com o passar dos anos. São capazes de usar tais habilidades de forma mais natural e precisam de menos tempo para desenvolvê-las;

- Preferem falar sobre esse assunto e trabalhar nesses pontos fortes em vez de ter de se concentrar em habilidades fracas ou inexistentes;
- Pode ser desmotivador e até mesmo estressante, para um líder, quando julgado de acordo com suas áreas mais fracas — como uma pessoa destra que é julgada de acordo com a sua capacidade de escrever com a mão esquerda;
- Quando uma organização se concentra em ajudar seus líderes a desenvolver e usar seus pontos fortes, os líderes podem ter um desempenho muito melhor, tanto individual quanto coletivamente.

ENTRE EM AÇÃO

Conheça seus pontos fortes

Você provavelmente sabe quais são seus talentos e pontos fortes. Se não tiver certeza, faça um teste de personalidade on-line com foco em pontos fortes, como o VIA Character Strengths Assessment ou o StrengthsFinder da Gallup.

Trabalhe com seus pontos fortes

- Sempre tenha tempo para procurar oportunidades em busca de aprofundar e ampliar seus pontos fortes, certificando-se de que suas habilidades continuam atualizadas e relevantes;
- Alinhe de maneira contínua seus planos de carreira de modo que qualquer cargo de liderança que você ocupe esteja alinhado com o seu conjunto de habilidades;
- Esse pode ser um processo de tentativa e erro. É possível que você nunca encontre um alinhamento perfeito, mas evite cargos nos quais você só consiga ter sucesso usando áreas nas quais é fraco ou aquelas para as quais você não tem talento ou interesse. Caso contrário, pode estar se colocando em uma posição propícia para fracassos.

Reconheça suas áreas mais fracas

- Decida quais fraquezas, se isso acontece com alguma delas, estão tendo um impacto material e prejudicial no seu desempenho;
- Comprometa-se a trabalhar para desenvolver esses pontos mais fracos ou tente mudar o seu regime de trabalho para evitar ter de

usar essas habilidades específicas. Por exemplo: você pode delegar certas tarefas para outras pessoas;
• Certos líderes decidem mudar de profissão ou ramo de atividade para alinhar melhor suas áreas fortes e fracas com as exigências do cargo que ocupam.

Aplique a mesma filosofia de trabalho à sua equipe
• Ajude seus colaboradores de modo que aprimorem a carreira, promovendo e favorecendo as habilidades que são seus pontos fortes;
• Não faça com que se sintam mal, concentrando-se nas áreas em que eles são mais fracos;
• Faça com que se concentrem apenas nas áreas mais fracas que são essenciais para o sucesso no trabalho e na carreira.

36

CONFIE NA SUA INTUIÇÃO

> "Nunca ignore seus instintos em relação a uma situação, decisão ou pessoa."

Seus instintos são uma ferramenta poderosa para ajudar você a liderar com sucesso. Conhecido também como intuição, presságio, voz interior, ter um palpite ou sexto sentido, essas sensações são as suas antenas. Elas lhe dão uma noção do que está acontecendo, qual é a decisão certa a tomar ou sobre como uma pessoa é de verdade. Tenho certeza de que você já teve muitos momentos intuitivos, tais como:

- Alguma coisa parece não estar muito certa em uma negociação, apesar de tudo aparentemente estar correndo bem;
- Em uma entrevista com um candidato cujo currículo é perfeito e que responde bem às suas perguntas, tem a sensação de que a personalidade dele não é ideal para a vaga;
- Um dos membros da sua equipe parece estar muito distraído, mas, quando lhe perguntam a respeito, insiste que tudo está bem no trabalho e em casa. Mas você desconfia que não é bem assim;
- Você tem a sensação de que os membros da sua equipe estão com algum problema interno, já que raras vezes parecem interagir como antes;
- Ao dirigir para o trabalho, você tem um lampejo de inspiração sobre como resolver o problema difícil de um cliente.

Liderar não é fácil. Por isso, se você tem uma ferramenta complementar para o trabalho, use-a. Afinal, pode ser difícil perceber o que se passa com as pessoas à sua volta, já que elas nem sempre revelam suas verdadeiras intenções e os sentimentos. E as decisões de negócios que você tem de enfrentar serão cada vez mais complexas e desafiadoras. Usar sua intuição pode lhe conferir uma vantagem ao tentar entender as pessoas e tomar as decisões certas.

ENTRE EM AÇÃO

Escute a sua voz interior

Da próxima vez que não tiver certeza sobre alguma coisa, quando precisar escolher ou tomar uma decisão, dê a si mesmo alguns segundos para refletir. Como você se sente em relação à pessoa que está à sua frente? Essa decisão precisa ser tomada de imediato? O que sente em relação a essa situação?

Sua cabeça vai guiar você rumo a um resultado que parece sensato, por exemplo: o candidato que mais o impressionou e deve ser contratado, o fornecedor com os custos mais baixos vai ser escolhido, a oportunidade mais lucrativa com determinado cliente vai ser implementada ou aquele novo colega bastante solícito é evidentemente uma pessoa de confiança. Mas, antes de concluir a decisão, pergunte ao seu coração se ele concorda com a cabeça e perceba como o seu corpo se sente com a decisão. Talvez você tenha uma sensação desconfortável no estômago, sugerindo que alguma coisa esteja fora do lugar, uma impressão de que nem tudo é como parece. Feche os olhos e pergunte a si o que está sentindo. Não há problemas se você decidir que precisa de mais tempo.

É mais fácil perceber seus instintos quando você está livre do ruído ao seu redor e de dentro da sua cabeça. Tente se sentar em um lugar tranquilo para refletir sobre decisões importantes e aquietar as centenas de pensamentos e opiniões da sua mente. Pode ser interessante fazer aulas de meditação e ioga, além de passar algum tempo em contato com a natureza, caminhando por entre florestas ou em uma praia. Às vezes, simplesmente dormir e deixar a decisão para o dia seguinte pode ser o bastante. Uma nova manhã tende a trazer a resposta.

Aja de acordo com os seus instintos

Tenha coragem de seguir o que sua intuição diz, mesmo se isso atrair atenção indesejada e fazer com que você pareça estranho. Questionar uma decisão tende a torná-lo bastante malvisto. Mas lembre-se de que, como líder, você não está tentando vencer um concurso de popularidade. Você sempre vai tentar fazer a coisa certa, mesmo quando for minoria. Compartilhe seus sentimentos e preocupações assim que possível para evitar atrapalhar uma decisão na última hora. E esteja pronto para explicar o que está sentindo aos seus colaboradores.

37

NÃO DESPREZE AS APRESENTAÇÕES

> "A maneira pela qual você faz apresentações para outras pessoas pode sinalizar o sucesso ou o fracasso da sua empresa."

Sua liderança acontece por meio da comunicação — o tempo que você passa em reuniões, escrevendo e-mails, dando palestras, em conferências por telefone ou vídeo e conversando com as pessoas à sua volta. Você vai ter dificuldades para agir como líder se não conseguir se comunicar e fazer boas apresentações usando todas as suas habilidades verbais e não verbais de comunicação.

Para a maioria dos líderes, o tipo mais difícil de comunicação é ter de estar diante de outras pessoas para fazer uma apresentação. Tenho certeza de que você já viu pessoas que têm dificuldade de falar em público — engasgando-se com as próprias palavras, suando e até mesmo tremendo, sem nunca olhar para a plateia, falando baixo demais enquanto tentam mostrar dezenas de slides enfadonhos no PowerPoint. Muitas pessoas adorariam evitar ter de fazer apresentações, preferindo falar em grupos pequenos ou se comunicar por telefone, e-mail ou aplicativo de mensagens.

Se você deseja ser um líder de sucesso, entretanto, não pode fugir de fazer apresentações. E deve aprender a fazê-las da melhor maneira. Em um estudo de Prezi e Harris com dois mil profissionais, publicado em 2016, quase 70% dos entrevistados disseram que apresentações são essenciais para o seu sucesso no trabalho, e 75% achavam que suas habilidades de apresentação precisavam ser aprimoradas.

Você pode ser um dos poucos afortunados que se empolga e age como se tivesse talento inato quando está sobre um palco e diante de uma plateia. E, para você, fazer apresentações pode ser algo descomplicado e livre de estresse. Presumindo que não tenha toda essa sorte, é preciso se preparar para aperfeiçoar habilidades, aumentar a autoconfiança e praticar. Você não tem escolha se quiser crescer como líder, porque não fazer isso pode ser prejudicial aos seus objetivos e à sua carreira — uma apresentação ruim pode fazer com que sua plateia se distraia, perca o interesse e não receba bem suas mensagens. Sua reputação na empresa pode até mesmo sofrer como resultado de uma exposição insatisfatória.

ENTRE EM AÇÃO

Faça apresentações como um palestrante de sucesso
A boa notícia é que habilidades de apresentação podem ser aprendidas e aprimoradas com treino, mas isso é algo que pode levar tempo, que dependerá do seu nível atual de confiança e habilidade. Felizmente, há centenas de palestras disponíveis na internet. Assim, você pode ter acesso para assistir e aprender com profissionais incríveis que dominaram habilidades-chave como as seguintes:

• Controlar a linguagem corporal. É preciso alinhá-la à apresentação, e não deixar que seja uma distração. Olhe para a plateia, faça contato visual e sorria. Decida se vai apresentar sentado ou em pé. No caso desta última, escolha se vai ficar parado ou andar pelo palco;

• Sua aparência e gestos ao falar. Isso também transmite uma mensagem ao público. Por isso, sempre dedique tempo e atenção para roupas, sapatos, cuidados pessoais, maquiagem e joias que decidir usar na ocasião;

• Exibir autoconfiança e demonstrar que conhece bem o assunto que vai apresentar. Você pode fazer isso ao praticar a sua apresentação de modo que, no dia, estará mais acostumado ao conteúdo e será capaz de apresentar com fluência;

• Projetar a sua voz de modo que todas as pessoas na plateia possam ouvi-la. É sempre bom falar com quem está no fundo da sala para que a sua voz se espalhe;

• Conhecer a plateia em termos de expectativas, necessidades, opiniões e possíveis perguntas;

• Seguir o mantra de "menos é mais" ao decidir a duração da sua palestra, seu conteúdo, os materiais que serão usados, bem como design e quantidade de slides e vídeos na apresentação;

- Dar estrutura evidente à sua palestra. Uma boa abertura, em particular, pode capturar o interesse do seu público, assim como um encerramento impactante;
- Conquistar a plateia, criar uma conexão emocional ao compartilhar histórias pessoais, recordações e outros exemplos apropriados à ocasião.

38

ADMITA QUANDO ESTIVER ERRADO

> *"Pedir desculpas é frequentemente visto como fraqueza, quando, na verdade, é uma demonstração de força."*

Detesto ter de lhe dizer isso, mas você nunca vai conseguir ser um líder perfeito. É impossível saber e entender tudo, sempre se comunicar de maneira ideal, tomar decisões e fazer escolhas que são 100% acertadas. O melhor que você pode fazer é tentar agir e dizer as coisas certas continuamente, sabendo que às vezes vai ter sucesso e outras vezes nem tanto, como consequência de vários tipos de erros:

- Ao ignorar boas sugestões de um membro da equipe sobre como resolver o problema de um cliente, vindo a descobrir que a solução que desenvolveu só serviu para piorar a situação;
- Prometer entrar em contato com o diretor assim que tiver uma resposta para uma pergunta importante e se esquecer completamente de fazer isso;
- Você insiste que a sua lembrança do plano de ação acertado em uma reunião está correta. Mais tarde, se dá conta de que não estava;
- Você faz questão de escolher quem será promovido para uma vaga na empresa, mas sua escolha acaba sendo inadequada e a pessoa tem de ser demitida.

Uma medida-chave de sua maturidade para liderança e caráter é como você responde aos próprios erros e equívocos. Líderes, com muita frequência, querem esconder esses erros ou culpar outras pessoas, dizendo que não têm culpa pelo que aconteceu. Um líder de sucesso demonstra coragem e humildade, agindo com honestidade e franqueza ao admitir que estava errado, que escolheu uma direção incorreta ou que usou palavras e ações inadequadas. Seja essa pessoa.

ENTRE EM AÇÃO

Erga a cabeça e seja honesto
Você pode relutar em admitir seus erros por medo do constrangimento e perda de respeito, pensando que os outros vão achá-lo imperfeito, fraco, despreparado ou imprudente. Sim, eles podem pensar todas essas coisas, mas vão pensar coisas muito piores quando descobrirem que você mentiu em relação ao seu envolvimento em um problema. Deixe o seu ego e o desconforto de lado. Mantenha sua integridade inabalável.

Nunca demore demais para reconhecer o óbvio
Abra o jogo consigo mesmo e com as pessoas impactadas pelas decisões erradas. E planeje com seus colaboradores, de maneira rápida e metódica, como retificar a situação. Você vai conquistar respeito por ter a cabeça aberta e não deixar que o seu ego ou teimosia atrapalhe o ato de dizer ou fazer o que é certo.

Aprenda a pedir desculpas
Levante-se e peça desculpas, admitindo que estava errado. Faça isso da maneira que for mais apropriada, que pode ser por e-mail, durante uma reunião com a equipe ou em uma conferência maior em um espaço público. Além de se desculpar, dê os devidos créditos e agradeça àqueles que identificaram o seu erro.

Reconheça abertamente os colegas que possam ter proposto as ideias ou soluções ideais. Você pode se sentir culpado por tê-los ignorado ou reprimido. Escute-os com mais atenção da próxima vez e contenha-se antes de desmerecê-los.

Siga em frente positivamente
Aprenda com as situações nas quais você estava errado, avaliando seu próprio mindset, hipóteses e vieses, assim como quaisquer processos de tomada de decisão, coleta de informações e *brainstorming* para decidir quais mudanças precisa fazer para evitar que isso se repita no futuro.

39

EMPODERE A SUA EQUIPE

> *"Quando nunca se demonstra às pessoas que são valorizadas e estimadas, elas imaginam o pior e duvidam de si mesmas."*

Quase todos os funcionários querem se sentir empoderados, apoiados e estimulados a trabalhar de acordo com todo o seu potencial, receber o que precisam para alcançar seus objetivos sem precisar de apoio constante, microgerenciamento e orientação mais incisiva. Líderes de sucesso sabem disso e sempre tentam empoderar suas equipes para que cada um de seus membros tenha:

- Autoridade e liberdade de tomada de decisões para completar um projeto sem precisar pedir autorizações constantes;
- Acesso a todas as informações necessárias para completar o trabalho sem precisar pedir ajuda e conselhos frequentemente;
- Autoridade total para contratar os próprios subordinados e usar o dinheiro da empresa até os limites acordados;
- Liberdade para resolver questões de serviço e atendimento ao cliente sem precisar da aprovação do chefe todas as vezes.

O contrário ao empoderamento é quando um líder concentra todo controle e autoridade, continuamente microgerenciando a equipe e tomando todas as decisões por ela. Em um ambiente como esse, seus subordinados vão se sentir como pássaros presos. Os membros mais preguiçosos talvez gostem de deixar que você tome decisões por eles, mas a maioria vai detestar uma situação como essa, e muitos vão ficar desmotivados, sentir que são indignos de confiança e que estão sendo impedidos de se expressar e ser quem realmente são. Ou vão parar de se esforçar para ir além do esperado, não mostrando mais qualquer sinal de iniciativa, independência e criatividade. Funcionários mais talentosos costumam se demitir de seus cargos depois de certo tempo.

ENTRE EM AÇÃO

Permita que sua equipe tenha liberdade para agir
Recue um passo conscientemente. Dê à equipe espaço para trabalhar de modo independente, sentir que suas decisões importam e que são dignos de confiança:

- Dê à equipe, por escrito, as descrições dos cargos, objetivos e processos que mostrem claramente quanta liberdade e independência os colaboradores têm (em termos de tomada de decisão e autoridade para assinar documentos, por exemplo);
- Quando possível, delegue autoridade total à equipe para completar suas tarefas em vez de pedir que venham buscar continuamente sua aprovação verbal ou por escrito;
- Seja fiel aos limites estabelecidos, resista à tentação de se aproximar e microgerenciar uma tarefa que você delegou à equipe. Isso pode abalar bastante o time;
- Providencie todos os recursos necessários para que a equipe complete o trabalho de maneira independente, com todos os recursos necessários, incluindo tempo, força de trabalho, verbas, ferramentas, equipamentos e assim por diante;
- Prepare-se para ideias e sugestões fornecidas por seus funcionários empoderados. É inevitável que, ao dar liberdade de ação às pessoas, você também as esteja convidando para compartilhar ideias e expressar o que têm em mente. É preciso ouvir positivamente as propostas delas e agradecê-las por compartilhá-las;
- Apesar de não microgerenciar, prepare-se para intervir quando pedirem para dar orientações, mentorias e feedback aos membros da equipe, em especial quando estiverem fazendo algo pela primeira vez ou sentindo dificuldades com situações mais desafiadoras do trabalho;
- Reconheça abertamente sucessos, conquistas e resultados da sua equipe, conquistados sem que você estivesse envolvido de modo direto. Orgulhe-se de ter capacitado os colaboradores para liderar tanto a eles mesmos quanto o seu próprio trabalho.

40

NÃO DESPREZE CONVERSAS DESPRETENSIOSAS

| *"Liderar é ter boas interações com as pessoas."*

Suas habilidades de networking e construção de relacionamentos podem fazer com que a sua carreira em liderança decole ou afunde. Isso acontece porque sua capacidade de agir como líder depende de como você interage com as pessoas. Manter conexão próxima e relacionamento com alguém pode ter muitas consequências positivas:

- O gerente do banco pode estar mais aberto a financiar suas novas ideias de negócios;
- Um fornecedor pode se mostrar mais compreensivo com relação às dificuldades de fluxo de caixa pelas quais você está passando e deixar que você adie um pagamento;
- Seus subordinados podem se sentir mais compreendidos e valorizados por você, trabalhando de maneira mais positiva;
- Acionistas e sócios da empresa podem fornecer mais apoio à sua visão e estratégia.

Boas conexões podem ter muito valor quando você estiver passando por um período de dificuldades, talvez até mesmo cometendo erros sérios ou sem conseguir alcançar seus objetivos. E os colegas de trabalho, assim como outros *stakeholders* com que você tenha uma relação forte, podem estar mais dispostos a ajudá-lo.

Não existe um número exato de pessoas com quem um líder deve manter contato. A resposta depende das suas circunstâncias e personalidade. Em qualquer cargo de liderança sempre haverá uma gama de pessoas com quem você deve interagir para poder conquistar seus objetivos e metas. Determinados líderes vão precisar se concentrar apenas em um número pequeno de relacionamentos; com frequência, essas pessoas incluem em sua lista somente os sócios da empresa e alguns funcionários-chave.

Se você é uma pessoa mais introvertida e reservada, talvez sinta certo desconforto ante a ideia de se conectar com muitas pessoas. No outro extremo, uma pessoa expansiva e extrovertida, que adora conhecer pessoas, pode ter centenas de amigos e conhecidos. Mas ter boas relações com alguém não é determinado pela frequência com que conversam ou a quantidade de pessoas. Isso ocorre por fatores como características que vocês têm em comum, como podem ajudar e apoiar um ao outro e o fato de se darem bem. Se você trabalhou junto a um colega no passado, atualmente talvez só precise se encontrar ou conversar com ele uma vez por ano para manter a conexão.

ENTRE EM AÇÃO

Desenvolva sua habilidade para construir relacionamentos
Você pode ter um talento natural para a comunicação e ficar contente em se aproximar de estranhos para conversar. Caso contrário, é preciso aprimorar e dominar quaisquer habilidades necessárias a fim de garantir que você construa e mantenha relacionamentos importantes. Talvez você precise melhorar nos seguintes aspectos:
- Superar a timidez;
- Aumentar o nível de autoconfiança;
- Ser mais proativo na tentativa de se conectar com mais pessoas;
- Entender como não perder contato com as pessoas.

Crie um mapa de *stakeholders*
Elabore uma lista com os nomes de todas as pessoas com quem você precisa ter uma relação de trabalho para ter sucesso como líder. Conhecida como "mapa de *stakeholders*", essa lista provavelmente será uma combinação de colegas, mentores, clientes, sócios, parceiros, investidores, acionistas, fornecedores, funcionários-chave, antigos colegas de classe e outros contatos. Ao lado de cada nome, escreva o motivo pelo qual você gostaria de manter uma relação, tais como: "Porque essa pessoa tem um cargo superior na minha organização", ou "Porque ela tem boas conexões com muitos dos meus outros *stakeholders*". Essa é uma lista que você pode editar e ampliar de modo contínuo.

Decida como manter relacionamentos
Para cada pessoa, anote as possíveis maneiras pelas quais é prático manter contato. Isso pode variar entre ver seus contatos todos os dias no escritório, sair para almoçar uma vez por mês, tomar uns drinques de vez em quando, conversar pelo WhatsApp, encontrar quando você fizer uma viagem de negócios, ir a um evento anual para ex-alunos da faculdade ou em feiras ou congressos da área de atuação. Mantenha essa lista de afazeres com informações sobre quando e onde você vai se conectar com cada pessoa.

41

APRENDA A DELEGAR

"Só um super-herói workaholic é tolo o bastante para fazer tudo sozinho."

Delegar é uma ferramenta muito poderosa para ajudar você na obtenção de sucesso em qualquer cargo de liderança. Parece simples, mas é algo muito difícil de ser feito de modo adequado.

Todos os dias, você tem várias tarefas que precisam ser executadas. Seu desafio é decidir quem vai fazer o quê. Se você mesmo fizer, há o risco de ficar sobrecarregado e não ter mais tempo para desenvolver suas outras habilidades de liderança.

Você pode sentir vontade de constantemente delegar tarefas para os seus subordinados mais talentosos e experientes. Às vezes, isso é o melhor a fazer, mas nem sempre é o melhor caminho. Como líder, é preciso equilibrar duas habilidades concorrentes:

- Garantir que o trabalho seja bem-feito, designando os funcionários mais habilidosos para completá-lo no tempo mais curto e com o menor esforço possível;
- Desenvolver e motivar funcionários menos experientes, dando-lhes novas tarefas para ajudá-los a dominar e ampliar áreas de expertise.

Se você delegar apenas para pessoas experientes, tende a correr dois riscos:

- Esses indivíduos ficam sobrecarregados e desmotivados, sem contar que, caso a situação se prolongue por muito tempo, podem pedir demissão;
- Os outros membros da equipe podem sentir desconforto devido ao favoritismo que você demonstra e magoados porque nunca conseguem ganhar a experiência e a exposição resultantes de fazer essas tarefas mais desafiadoras.

ENTRE EM AÇÃO

Mude seu padrão de delegação
Crie um equilíbrio ideal entre ficar com algumas tarefas e delegar outras entre seus colaboradores mais experientes e os menos experientes. Por que parar por aí? Você pode até mesmo repassar trabalho para outros colegas. E talvez até mesmo para o seu chefe.

- Não delegue tarefas sempre às mesmas pessoas na equipe. Em vez disso, dê oportunidades para que outros colaboradores aprendam ao assumir esses trabalhos, reconhecendo que, no começo, podem ter dificuldades. Você pode ter de mudar seu mindset. Em vez de se concentrar em completar tarefas, concentre-se em cultivar as habilidades das pessoas;
- Tente fazer um rodízio dos colaboradores a quem você delega, oferecendo a pessoas diferentes, a cada semana ou mês, a oportunidade de completar certas tarefas, em particular aquelas que são populares e mais fáceis, além daquelas que são entediantes e difíceis;
- Pare de fazer as coisas você mesmo apenas por achar que assim é mais rápido e fácil. Aceite que, a curto prazo, pode ser mais demorado delegar tarefas porque você precisa instruir a outra pessoa e até mesmo ajudá-la. Mas, com o passar do tempo, conforme a equipe for desenvolvendo múltiplas habilidades, vai ser possível passar trabalho aos colaboradores sem a necessidade de acompanhá-los o tempo todo ou de fazer longas explicações;
- Conheça os pontos fortes da equipe, suas áreas de interesse, preferências e necessidades de desenvolvimento. Sabendo disso, tente garantir que as tarefas que você delega a cada pessoa estão alinhadas com necessidades e desejos;
- Tome cuidado para não delegar constantemente os trabalhos desagradáveis para a sua equipe só porque você não tem vontade de trabalhar com essas tarefas. Isso não é um hábito saudável de liderança e provavelmente vai fazer com que a sua equipe não se sinta bem ao trabalhar sob suas ordens. Assuma a sua parte no trabalho braçal.

42

ESTIMULE A SUA CURIOSIDADE INFANTIL

> *"Todo líder precisa ser um explorador com a mente aberta."*

No mundo cada vez mais complexo e cheio de mudanças rápidas, ninguém consegue ter todas as respostas. Por sorte, ninguém espera que você seja um líder que sabe de tudo. Por outro lado, essas pessoas esperam que você lidere encontrando as soluções mais adequadas. Espera-se que você aja como um cientista que conduz pesquisas e experimentos para explorar melhorias no desempenho, resolver problemas ou entender por que certas coisas acontecem. Um líder de sucesso pode parecer uma criança que — por ser naturalmente criativa e ter a mente aberta — adora ter insights e descobrir experiências novas, que anteriormente eram desconhecidas.

Uma pesquisa da IBM Global em 2012 compilou as opiniões de 1.500 CEOs e descobriu que a criatividade era uma habilidade-chave importante para construir empresas de sucesso — mais importante do que qualidades como pensamento global e integridade. Estimular e possibilitar essa criatividade demanda uma combinação entre ter o mindset certo e criar um ambiente que possibilite que a criatividade dos seus colaboradores aflore.

Líderes como Richard Branson, Jack Ma e Mark Zuckerberg surgem na mente como exemplos famosos de líderes criativos que têm a mente aberta e são flexíveis, e que não se apegam teimosamente a uma única ideia ou direção quando se defrontam com sugestões melhores. Eles gostam de experimentar novas ideias, deixar que suas equipes implementem soluções ainda não testadas e nunca encaram becos sem saída como esforço desperdiçado e fracassos. Em vez disso, são sempre oportunidades para aprendizado.

ENTRE EM AÇÃO

Aja de acordo com o que você prega
Não é suficiente afirmar que você valoriza e quer mais criatividade e experimentações. A verdadeira medida do sucesso é perceber que a sua equipe sente realmente que tem espaço e apoio para questionar o *status quo*. Permita que seu pessoal experimente soluções inovadoras e criativas sem temer consequências adversas caso seus esforços não encontrem resultados positivos. Você pode ajudar a criar esse tipo de ambiente de várias maneiras:

- Em reuniões com a equipe, pergunte regularmente aos colaboradores se eles têm soluções e ideias alternativas àquelas que estão na mesa. Faça isso antes de tomar decisões importantes como aprovar a escolha de um novo fornecedor, um novo processo, uma revisão no organograma ou a criação de um produto para atender às necessidades de um cliente;
- Celebre todos os exemplos que puder nos quais seus funcionários demonstrem criatividade. Faça isso mesmo quando os esforços deles não levarem a resultados incríveis que possam ser aproveitados;
- Dê as ferramentas e os recursos que as suas equipes precisam para ser criativas. Isso pode ser algo simples como dar acesso total à internet em vez de bloquear ou filtrar aplicativos ou páginas por questões de segurança ou produtividade;
- Apoie o crescimento de redes informais de compartilhamento dentro da empresa, como incluir colaboradores usando plataformas on-line, nas quais eles possam falar sobre problemas e trocar ideias.

Promova competições de criatividade
Desafie a equipe ou a organização inteira a sugerir maneiras para melhorar o modo de executar determinada tarefa ou alcançar certo objetivo. Convide pessoas para darem ideias, não importa quanto pareçam loucas ou esquisitas à primeira vista. Lembre-se de que, às vezes, uma descoberta revolucionária pode ter começado como uma ideia diferente e inesperada. A competição não precisa de prêmios formais, embora incentivos possam de fato motivar as pessoas. No mínimo, esteja pronto para reconhecer as pessoas publicamente e agradecê-las por suas contribuições.

43

PEGUE NO BATENTE

"Há ocasiões em que um líder precisa se jogar nas trincheiras lamacentas para ajudar a equipe."

Liderança envolve coisas como nunca permanecer no mesmo lugar. Não é simplesmente ficar em um escritório amplo e confortável enquanto a equipe se desdobra para realizar o trabalho em seus computadores. Às vezes você precisa liderar na linha de frente e estar com equipes de vendedores, engenheiros, advogados *trainees*, contadores, seguranças, funcionários com contratos de trabalho intermitente ou operários de chão de fábrica. Há uma quantidade enorme de líderes que inventam todo tipo de desculpa para evitar se envolver dessa maneira:
- "Não quero ser acusado de microgerenciar a minha equipe";
- "Deleguei todo o trabalho para a equipe e eles assumiram integralmente a responsabilidade";
- "Não é minha função fazer as tarefas dos membros da equipe";
- "Colocar as mãos nesse tipo de trabalho é algo que está abaixo de mim";
- "Minha equipe não precisa que eu os ajude";
- "É melhor eu concentrar meu tempo em tarefas superiores e mais estratégicas".

Passar o tempo e dar apoio aos membros da equipe enquanto trabalham é uma função essencial de qualquer líder. Os benefícios de fazê-lo incluem:
- Entender na prática as dificuldades e os desafios com os quais a equipe se depara;
- Permitir que você melhore as conexões e colabore com membros da equipe;
- Ajudá-lo a enxergar as coisas pela perspectiva dos membros da equipe;

- Colocar seus funcionários conscientemente em primeiro lugar e demonstrar-lhes o devido respeito;
- Contribuir com novos insights sobre como a eficiência pode ser melhorada;
- Motivar e envolver seus funcionários, em especial quando veem que você arregaça as mangas e os ajuda com tarefas novas e desafiadoras.

Arregaçar as mangas também serve para mandar uma mensagem nítida a outros líderes com quem você trabalha, encorajando-os a aprender com você e a repetir o seu estilo de liderança. Serve também como lembrete de que grande parte do sucesso da organização é o resultado do comprometimento e da dedicação de toda a equipe, que encara os clientes, opera as linhas de produção e executa outras tarefas essenciais todos os dias.

ENTRE EM AÇÃO

Apoie, mas não microgerencie
O segredo é passar o tempo com a equipe, mas sem se tornar um fardo, atrapalhando a execução das tarefas ou microgerenciando os funcionários de forma inapropriada. E isso não é fácil. O simples ato de ficar perto ou sentar-se junto à equipe pode ser desconcertante e provocar a sensação de que estão sendo monitorados. Para minimizar isso:
- Procure estar no chão de fábrica quando souber que a sua equipe vai receber bem o esforço extra. Isso pode ocorrer quando estiverem implementando um novo processo, começando um trabalho diferente ou enfrentando uma crise com um cliente;
- Planeje antecipadamente. Pergunte à equipe, durante uma reunião com os colaboradores, quando é a melhor hora para oferecer ajuda;
- Se você aparecer no chão de fábrica sem qualquer motivo, a equipe pode começar a se preocupar com o fato de que algo pode estar errado. Mas, se você transformar isso em um hábito, eles vão ficar mais confortáveis com a sua presença;
- A equipe pode presumir que, embora você esteja se oferecendo para ajudá-los, na verdade, quer verificar e avaliar o que estão

fazendo. Seja franco e honesto em relação às suas intenções. Mesmo que não queira realmente fazer uma "auditoria", considerando a sua experiência mais ampla, você pode identificar erros e maneiras melhores de fazer as coisas. O segredo é não se apressar para criticar ou fazer um funcionário se sentir inadequado por ter deixado passar alguma coisa que você acabou de perceber;

- Tente passar mais tempo com aqueles que trabalham em um nível hierárquico abaixo dos seus subordinados diretos. Às vezes esse nível é conhecido como o seu N-2. Você pode fazer isso por meio de reuniões diretas, nas quais você conversa com os N-2 sem que as pessoas que respondem diretamente a você estejam presentes. O risco que isso implica é que os seus subordinados diretos podem se sentir ameaçados por causa disso. Deixe claro que você quer simplesmente entender melhor os funcionários deles, incluindo seus desafios e necessidades no trabalho.

44

DESENVOLVA SEUS SUCESSORES

> *"O verdadeiro talento de qualquer líder são suas habilidades de jardinagem: como preparam e cultivam novos líderes, fazendo com que possam florir e crescer?"*

Criar novos líderes deve estar no topo da sua lista de tarefas. Assim como suas próprias habilidades foram semeadas e cultivadas para as suas oportunidades de liderança, os potenciais líderes de hoje precisam dos seus cuidados e da sua atenção. Essa é uma tarefa essencial para qualquer líder de sucesso e foi confirmada pelos resultados da pesquisa Global Leadership Forecast 2018, realizada por *Ernst & Young*, *DDI* e *Conference Board*, na qual 64% dos líderes pesquisados disseram que desenvolver a próxima geração de líderes era um dos seus cinco principais desafios.

Conforme a empresa cresce em tamanho, vai precisar de novos líderes em todos os níveis. E você jamais deve imaginar que essa responsabilidade cabe unicamente ao departamento de RH.

É preciso que todos os líderes se esforcem de maneira conjunta e estratégica a fim de criar um grupo grande o suficiente de pessoas com talento para a liderança. E o melhor lugar para você liderar o desenvolvimento de novos líderes é no seu próprio departamento e cargo.

Além de ajudar com o futuro crescimento da empresa, trabalhar com o objetivo de moldar e treinar novos líderes pode exercer um impacto muito positivo na sua própria carreira também. Um exemplo: você pode perder oportunidades potenciais de ser promovido se não houver candidatos prontos para substituí-lo no seu cargo atual. Suas avaliações de desempenho também podem ser afetadas de modo negativo se você não estiver preparando talentos de liderança dentro da própria equipe.

ENTRE EM AÇÃO

Crie um *pipeline* de liderança

A chave é ter uma mentalidade de *"pipeline* de talentos", na qual você está sempre atento a novas promessas e habilidades em movimento, ajudando essas pessoas a crescer e a subir na hierarquia da equipe e da empresa.

- Invista mais tempo e energia no recrutamento de novos funcionários com habilidades potenciais para a liderança. Quando entrevistar candidatos para quaisquer cargos, analise o potencial futuro de cada pessoa. Pergunte-se se a pessoa é capaz de crescer para se adequar a cargos de liderança — liderar pessoas, projetos, empresas ou talvez uma liderança puramente técnica;
- Procure contratar indivíduos capazes de desempenhar funções individuais bem como de uma equipe, mas que também mostrem sinais de que podem atuar como líderes. Contrate e desenvolva pessoas que serão ainda melhores do que você como líderes. Nunca se sinta ameaçado por essa possibilidade. Imagine como seria incrível o desempenho da sua equipe se ela contasse com vários indivíduos que têm esses talentos;
- Entenda o potencial para liderança de um membro da equipe ao observar sua personalidade, atitude e mindset. Procure características gerais de liderança tais como iniciativa, autorresponsabilidade, coragem e outras;
- Ajude os membros da sua equipe atual a desenvolver seus próprios estilos de liderança e autoconfiança, oferecendo-se para mentorias e permitindo que assumam tarefas confiadas a você, tais como conduzir certas reuniões e coordenar determinados projetos. Depois que tiverem experimentado liderar tarefas como essas, dê-lhes um feedback construtivo para ajudá-los a ampliar suas capacidades de liderança.

Nem todo mundo quer liderar

Você pode querer ser um líder, mas nem todo mundo quer a mesma coisa, nem é uma escolha adequada para administrar pessoas, projetos ou empresas. Ao criar um *pipeline* e um programa de desenvolvimento de lideranças, tome cuidado para não dar a impressão de que a única medida de sucesso na sua equipe envolve ter o desejo e ser capaz de se tornar um futuro líder.

45

ORIENTE-SE PELOS RESULTADOS

> *"O simples fato de ter grandes ideias e intenções não bastam para garantir o sucesso."*

Um líder de sucesso sabe que sua função principal é alcançar objetivos definidos com nitidez, independentemente dos obstáculos e dificuldades:

- Um gerente de projetos deve completar um trabalho no prazo estipulado, dentro dos orçamentos combinados e com metas específicas de qualidade;
- O chefe de um departamento de vendas deve bater as metas junto a outros objetivos, como adquirir novos clientes, alcançar certas margens de lucro sobre as vendas e aumentar o tamanho da equipe;
- Um empreendedor terá objetivos como colocar um novo produto no mercado ou sobreviver apenas com o caixa disponível durante a fase inicial de uma startup;
- O diretor de uma instituição filantrópica pode ter metas de arrecadação de recursos, assim como objetivos ligados à área de atuação da organização, tais como alimentar certa quantidade de pessoas sem-teto.

Líderes de sucesso não apenas alcançam seus objetivos, mas também procuram exceder as expectativas, indo além do esperado com uma combinação de determinação, ter um mindset focado em resultados e também as habilidades certas para cuidar de tarefas, recursos, processos e sistemas necessários. Vários capítulos deste livro oferecem conselhos específicos sobre como fazer bem todas essas coisas. Mas há uma habilidade que vem em primeiro lugar e é a mais essencial: garantir que os objetivos sejam bem estabelecidos, comunicados com clareza e desafiadores na medida certa.

ENTRE EM AÇÃO

Busque a concordância e o comprometimento
Não tem problema se os seus objetivos são identificados como indicadores-chave de desempenho (KPIs), metas ou marcos. Eles precisam estar descritos de forma muito evidente, ser compreendidos e aceitos por todas as pessoas envolvidas em realizá-los. Para conseguir tal concordância, você precisa estar pronto para escutar, comunicar, negociar e entrar em acordo com todas as partes relevantes. Isso inclui também o seu chefe, que pode impor metas totalmente descabidas a você e à sua equipe. Você pode precisar rebater essas atribuições e negociar metas e objetivos mais aceitáveis.

Distribua os objetivos à equipe em um efeito cascata
Você também precisa considerar os objetivos que abrangem toda a empresa e saber quais deles envolvem você e sua equipe. É preciso criar e concordar com quaisquer propósitos dos colaboradores e também com os objetivos individuais que estejam alinhados com os da empresa.

Defina objetivos desafiadores e específicos
É uma boa ideia fazer com que as metas para cada um dos membros da equipe sejam ligeiramente maiores do que precisam ser, de modo que a soma das metas individuais exceda a meta geral da equipe ou do departamento. Faça isso de modo que você e sua equipe encontrem oportunidades de exceder as metas gerais, mesmo quando algumas pessoas na sua equipe não consigam bater as metas individuais.

Crie e busque realizar metas SMART:
- e**S**pecíficas: metas específicas são entendidas, aceitas e alcançadas com mais facilidade;
- **M**ensuráveis: cada meta deve ser mensurável, mas em termos de como a equipe está trabalhando para alcançá-la;
- **A**lcançáveis: os recursos, incluindo tempo e pessoal, devem ser disponibilizados para que você e sua equipe consigam alcançar a meta;
- **R**ealistas: uma meta nunca deve ser impossível de alcançar;
- **T**emporalmente viáveis: deve haver entendimento e concordância sobre o cronograma e os prazos para alcançar cada meta.

46

COLOQUE AS PESSOAS CERTAS NAS FUNÇÕES CERTAS

> "Não tente fazer com que um pino quadrado entre à força em um buraco redondo."

Você raramente vai ter a quantidade ideal de membros na sua equipe com o conjunto perfeito de *soft skills* e *hard skills*. Assim, é preciso acompanhar constantemente as cargas de trabalho, prioridades e tarefas com os colaboradores disponíveis e trabalhar com os talentos à disposição, navegando com sucesso por todas as seguintes questões relacionadas às pessoas:

- Você luta para conseguir preencher a vaga para um cargo-chave, talvez um técnico importante ou uma função especializada em vendas. Após passar semanas entrevistando e rejeitando candidatos sem o perfil desejado, só lhe resta uma possível candidata. O problema é que essa pessoa só preenche cerca de 70% dos requisitos técnicos da vaga;
- Você tem um problema parecido com o seu chefe. Ele insiste que você aceite um colaborador de outro departamento para ocupar a vaga de um posto-chave na sua equipe. Você sabe que o indivíduo em questão tem uma reputação de ser egoísta e de não saber trabalhar em equipe;
- Durante o período em que a empresa não está contratando ninguém, é impossível trazer novos funcionários para trabalhar em um novo projeto. Sua única opção é pedir aos seus colaboradores atuais, que estão cheios de serviço, que aprendam e assumam as tarefas do atual projeto;
- Dentro da sua equipe, algumas pessoas parecem enfrentar dificuldades e ser completamente inadequadas para os cargos que ocupam. Talvez não sejam muito focadas em vendas, finanças ou

em detalhes, e assim por diante. É preciso decidir quando se deve substituí-los, sabendo que vai ser custoso dispensá-los, e tentar contratar substitutos.

Líderes de sucesso sabem que dilemas do tipo não são fáceis de se resolver. Eles sempre tentam alcançar objetivos ideais, não importa quanto isso seja difícil ou custoso em termos de tempo. Também entendem a necessidade de abrir mão de certas coisas, mas sabem que deixar alguém fazendo um trabalho para o qual não é a pessoa mais adequada sempre leva a uma combinações de problemas referentes ao desempenho e à motivação.

ENTRE EM AÇÃO

Aceite abrir mão de certas coisas, com um plano para preencher as lacunas
Às vezes, tentar transformar buracos quadrados em redondos pode dar certo. Um membro da equipe aprende a lidar bem com tarefas novas e desafiadoras ou um candidato fraco que você contratou se esforça para superar as fraquezas. Mas, com frequência, você não terá a mesma sorte, devendo ser criativo a respeito de como enfrentar cada situação em que não tiver a pessoa certa para a função específica. Só é possível dominar essa habilidade no decorrer do tempo, enfrentando e aprendendo com muitos casos.

Vamos começar explorando como lidar com os quatro exemplos da página anterior:
• Se você decidir contratar a última candidata que só atende a 70% do conjunto de habilidades, planeje como ajudá-la. Pode ser necessário trabalhar com seus colegas def RH a fim de criar uma análise de necessidades de capacitação e dar um treinamento intensivo sobre técnicas. Além disso, você pode usar o tempo para agir como mentor e pedir aos colegas que a ajudem com as tarefas nas quais ela não tenha conhecimento;
• Em relação ao candidato interno que não sabe trabalhar bem em grupo, tome cuidado se decidir aceitá-lo na sua equipe. Seja firme ao explicar suas expectativas e preocupações. Em seguida, ofereça-se para ajudá-lo, por meio de coaching, a superar seus

pontos fracos em termos de colaboração, compartilhamento de informações e interação;

• Com o novo exemplo de projeto, chame a equipe para fazer uma sessão de *brainstorming* sobre como é possível trabalhar de forma mais inteligente em prol de administrar produtivamente a carga de trabalho extra sem incorrer no risco de um burnout. Sugira que elaborem listas diárias de tarefas, que passem menos tempo ocupados com tarefas não essenciais e que apoiem uns aos outros de maneira mais proativa;

• Em relação aos membros com pior desempenho, depois de esgotar todas as opções disponíveis para melhorar seu rendimento, respire fundo e dispense-os. Talvez seja possível ajudá-los a se transferir dentro da própria empresa, visando assumir cargos que estejam mais adequados às suas preferências e conjuntos de habilidades. Caso contrário, você deve se preparar para dar as más notícias e demiti-los.

47

ORIENTE A SUA EQUIPE COM CUIDADO

> *"Ajude a equipe a chegar às próprias respostas e conclusões."*

Dar conselhos e soluções à equipe toda vez que algum membro busca ajuda pode parecer óbvio. E de fato há hora e lugar para usar esse tipo diretivo de liderança, em particular quando:
- Uma nova pessoa entrou na sua equipe e precisa de muitas orientações;
- Uma crise ocorre e as suas decisões e ordens rápidas são necessárias para resolver o problema urgente de um cliente ou outra emergência;
- Sua equipe tem de assumir um projeto novo ou complicado e você é a única pessoa com a expertise necessária no grupo.

Mesmo assim, esse nunca deve ser o único estilo de liderança para ajudar a equipe a resolver seus problemas, porque, quando você dá as respostas e orienta por tempo demais:
- Isso não os ensina a aprender por si mesmos, e muitos vão sentir que as soluções chegam fácil demais, ficando frustrados no processo. Outros podem gostar do fato de a situação se recostar em suas cadeiras e deixar que você pense por eles;
- Você pode estar dando respostas incorretas à equipe. Isso pode acontecer porque você não entendeu direito os problemas ou questões. Seus conselhos inadequados podem ter consequências sérias.

Líderes de sucesso sabem quando devem adotar estilos diferentes de conversa. Às vezes, assumem um estilo de coaching que não envolve dar resposta ou solução alguma, preferindo fazer perguntas à procura de ajudar os colaboradores a explorar e a entender os próprios desafios, fazendo-os chegar às próprias respostas e soluções. Talvez você se lembre do que começou a aprender sobre coaching no capítulo 22.

ENTRE EM AÇÃO

Tenha conversas usando o modelo GROW
Quando sua equipe se depara com desafios e problemas, ajude os colaboradores a encontrar as próprias soluções usando um esquema conhecido como modelo GROW, criado por um coach chamado John Whitmore:

Goal (Objetivo): comece explorando qual é o problema, obstáculo, questão ou desafio que precisa ser abordado. Faça perguntas como:
- Qual é o problema, exatamente? E por que você está tentando se concentrar nele hoje?
- Por que essa questão precisa ser resolvida? E qual pode ser uma solução de sucesso?

Reality (Realidade): ajude seu colega a explorar o contexto, histórico e antecedentes da situação, fazendo perguntas como:
- Há quanto tempo isso é um problema? E quem mais sabe a respeito dele?
- Você já tentou resolvê-lo antes? O que aconteceu?

Options (Opções): quando vocês dois tiverem mais nitidez sobre o problema e seu contexto, impacto e histórico, comecem a explorar opções para resolvê-lo, ao perguntar:
- Se você estivesse sozinho e não pudesse contar com a minha ajuda, como resolveria a questão?
- Você tem uma opção preferida ou várias ideias em mente? Ou está perdido, sem ideia de como seguir em frente?

Way forward (O caminho a seguir): depois de ajudar seu colega a digerir e ponderar sobre as possíveis opções, encerre a conversa com as perguntas:
- O que vai fazer agora? Qual opção vai escolher?

- Que tipo de apoio ou ajuda você precisa para implementar a opção que escolheu?

Na fase de Opções da sua conversa GROW, e somente depois que a outra parte expressou suas opiniões, ofereça ideias adicionais de acordo com seus próprios insights e experiência. Compartilhe-as, mas não diga à pessoa qual opção é a melhor. Em vez disso, ajude-a a chegar às próprias conclusões.

48

PERSISTA QUANDO OS OUTROS DESISTIREM

> "É trágico olhar para trás, depois das tempestades, e perceber que você sempre esteve muito perto do topo da montanha."

Muitos líderes desistem quando estão perto de realizar seus planos, objetivos ou sonhos, pensando que esgotaram todos os caminhos possíveis, chegaram a becos sem saída e usaram todas as suas ideias, energia e recursos. Líderes de sucesso nunca jogam a toalha tão rápido. Em vez disso eles persistem, cientes de que qualquer objetivo que valha a pena ser alcançado não acontece com facilidade.

No ambiente "VICA" de hoje em dia, com suas mudanças rápidas e revolucionárias, em que as empresas têm dificuldades para se adaptar e até mesmo para sobreviver, não deveríamos ficar surpresos se nossos objetivos e metas parecerem mais desafiadores do que eram no passado, e podem até mesmo ser impossíveis de alcançar. Como resultado, a tendência de querer desistir será grande. Até mesmo líderes de sucesso podem sentir dificuldades para resistir e continuar seguindo em frente.

Além de ajudar a alcançar os objetivos da empresa, não desistir com facilidade também pode beneficiar a sua carreira. De acordo com uma pesquisa publicada em 1985, líderes mais persistentes costumam ser vistos de maneira mais favorável.

A autora do artigo, uma professora universitária dos Estados Unidos chamada Laura M. Graves, descobriu que líderes que demonstram persistência eram melhor avaliados e conceituados do que líderes não persistentes. Faz sentido. E tenho certeza de que você também nutre mais admiração e respeito por colegas que se mostram mais dispostos a persistir do que para desistir, em comparação com aqueles que desistem mais facilmente.

ENTRE EM AÇÃO

Desenvolva os músculos da sua determinação
Fortaleça a sua persistência desenvolvendo a sua força de vontade e determinação:
- Lembre com frequência a si mesmo e à sua equipe por que determinado objetivo é importante para vocês e para a empresa. Tente discutir e visualizar os impactos positivos e benefícios de alcançar o objetivo em questão;
- Evite se deixar distrair por aspectos que você não pode controlar. Em vez disso, concentre sua energia nas tarefas que você e sua equipe podem influenciar e mudar;
- Não se deixe afetar por pessoas negativas ou desmotivadas;
- Um objetivo grande pode parecer muito penoso e difícil de alcançar quando comparado a tarefas menores. Fragmente quaisquer objetivos maiores em uma série de metas menores;
- Celebre a conquista de cada uma dessas metas menores para ajudar a motivar sua equipe e a si mesmo conforme trabalha a fim de concluir o objetivo ou a meta maior;
- Peça a um colega de confiança para encorajá-lo e cobrar que continue no caminho certo, conversando com ele quando surgirem dúvidas sobre si mesmo e sentir vontade de desistir de alguma tarefa. Você pode, por sua vez, fornecer o mesmo apoio para os membros da sua equipe.

Reconheça quando deve desistir
Sua força de vontade e persistência recém-descobertas só devem ser usadas quando forem necessárias, e não o tempo inteiro. Às vezes, você precisa desistir e parar de perseguir um objetivo quando ele evidentemente não pode mais ser alcançado ou quando suas prioridades mudaram e esse mesmo objetivo não é mais relevante.

49

CONTROLE-SE

> *"Se quiser fracassar rapidamente como líder, comece simplesmente perdendo a calma."*

Você ficaria muito irritado se o seu forno não tivesse controle de temperatura e deixasse aleatoriamente a sua comida crua ou queimada. E ficaria frustrado se o termostato da sua geladeira estivesse desregulado, resultando em alimentos podres em um dia e comida e leite congelados no outro. Sentimos a mesma coisa quando um colaborador não tem autocontrole. E é ainda pior quando a pessoa é o líder, porque qualquer coisa que ela diga ou faça pode causar fortes impactos em muitas pessoas.

No começo deste livro abordei a importância da autoliderança. E um de seus aspectos fundamentais é a capacidade de se controlar. Às vezes isso é chamado de autogerenciamento, que forma parte da sua inteligência emocional (QE), um conceito que expliquei no capítulo 33. Líderes de sucesso sabem que um autogerenciamento excelente é essencial. Sem essa habilidade, você corre o risco de cometer todos os tipos de erros horríveis e frequentemente repetitivos que podem ter inúmeras consequências:

- Você perde a paciência repetidas vezes com erros pequenos e triviais que a sua equipe comete, e alguns dos subordinados podem ficar tão contrariados com sua reação que decidem se desligar da empresa;
- Você toma uns dois ou três drinques e faz comentários inapropriados sobre um colega de trabalho. Como resultado, você é alvo de uma investigação pelo departamento de RH e corre o risco de perder o emprego;
- Você fica irritado ao receber o e-mail de um cliente que culpa a sua equipe pelo mau desempenho, e responde com uma mensagem muito dura e emocional;

- Durante uma reunião com a gerência, em resposta a alguém que o desafia, você se irrita e se envolve em uma discussão acalorada, fazendo com que um colega diga que está cansado de trabalhar com você.

ENTRE EM AÇÃO

Siga um processo simples de autocontrole
- Observe a si mesmo mais de perto e perceba quando suas emoções começam a dominá-lo, deixando-o propenso a agir sem pensar nas consequências;
- Peça a colegas de confiança com quem você trabalha que o avisem quando sentirem que você pode estar perdendo a calma diante de alguma situação;
- Quando estiver prestes a dizer a coisa errada, pare e peça licença para sair de uma reunião ou conte silenciosamente até dez para se acalmar;
- Quando você percebe que é tarde demais e já disse ou fez algo inapropriado, desculpe-se de imediato às pessoas impactadas pelas suas palavras ou ações.

Tome cuidado com seus e-mails e telefonemas
Se você sabe que está irritado enquanto escreve um e-mail, não o envie naquele momento. Salve-o como rascunho e retorne posteriormente a ele, quando poderá decidir se vale a pena enviá-lo.

Da mesma forma, quando estiver em uma reunião via telefone ou vídeo, ao perceber que está ficando irritado e alterado, encontre uma desculpa para dar uma pausa na conversa. Talvez você possa pedir um intervalo para um café ou para ir ao banheiro. Isso vai lhe dar tempo para se acalmar.

Procure aconselhamento profissional para controlar a raiva
Às vezes, a única maneira de deixar as emoções sob controle é buscar a ajuda de um terapeuta treinado, com quem você possa explorar os gatilhos das suas reações. Esse profissional pode ajudar a superar quaisquer inseguranças, eventos e traumas passados subjacentes que estejam na origem desses seus comportamentos.

Evite estar cansado, estressado ou com fome
Você vai perceber que o autocontrole é mais fácil quando estiver de estômago cheio, depois de uma boa noite de sono e quando estiver livre de estresse. Sem dormir o suficiente e sem uma alimentação balanceada, seu cérebro perde a clareza e o equilíbrio. E você corre o risco de ficar irritado com facilidade, cansado e mal-humorado, o que aumenta a probabilidade de perder o controle quando está com outras pessoas.

50

MANTENHA SEUS VALORES NO CENTRO DE TUDO

> *"O que você valoriza na vida dita o tipo de líder que vai se tornar."*

Um líder de sucesso se esforça de modo contínuo para viver e liderar com valores cuidadosamente escolhidos. Também conhecidos como princípios ou convicções, seus valores baseiam como você pensa, toma decisões, age e se comporta no papel de líder. São aquilo que o impulsiona e o que você busca ao liderar a si mesmo e a outras pessoas. Algumas pessoas não sabem ao certo quais são seus valores, mas líderes de sucesso sempre sabem o que os norteia. Seus valores podem incluir:

Reconhecimento	Imparcialidade	Aprendizado
Autenticidade	Foco	Fazer a diferença
Autonomia	Liberdade para agir	Otimismo
Fé	Gratidão	Paixão por vencer
Cuidado	Apoio	Propósito
Comprometimento	Humildade	Respeito
Compaixão	Inspiração	Transparência
Coragem	Integridade	Verdade
Empatia	Lealdade	Confiança
Excelência	Liderar pelo exemplo	Sabedoria

Os valores de um líder o ajuda a saber que tipos de comportamento são aceitáveis e que tipos não são:
- Quando um líder valoriza a integridade, vai reagir de maneira enérgica quando um colega mente ou age de maneira antiética;
- Um líder que valoriza o cuidado e a empatia será o primeiro a consolar e apoiar um colaborador que esteja muito alterado;
- É raro que um líder que considera a persistência como valor importante desista quando se depara com tarefas desafiadoras, mesmo quando todos os outros já jogaram a toalha.

ENTRE EM AÇÃO

Descubra seus valores
A maneira mais fácil de saber quais são seus valores é elaborar uma lista com ações e comportamentos de outras pessoas que o deixam irritado ou contrariado.
- Se um colaborador que nunca se prepara para reuniões ou nunca consegue encontrar documentos importantes o irrita, você provavelmente valoriza qualidades como estar preparado e ser organizado.
- Quando um membro da equipe sempre se apressa para falar e tenta dominar as discussões, isso pode ser um sinal de que você valoriza uma reflexão tranquila e o ato de permitir que as outras pessoas sejam ouvidas.

Para ajudar a descobrir o que é importante para você, peça aos colegas mais próximos que descrevam como enxergam o seu estilo de trabalho, suas atitudes e seus comportamentos, e o que eles observaram que parece ser muito importante para você.

Concentre-se somente nos valores que lhe servem
Tão logo descubra seus valores, reflita sobre quais deles lhe são úteis como líder. Esses são os valores nos quais você deve se concentrar, e podem incluir qualidades positivas como ser solidário, empático, ter foco no cenário maior dos projetos e ser inspirador. Encoraje sua equipe a praticar os mesmos valores. Se isso acontecer, eles se tornarão os hábitos diários da equipe e também a sua cultura de trabalho.

Pare de se concentrar no que está ultrapassado
Alguns dos seus valores podem atrapalhar o seu desempenho como líder atualmente. Talvez o tenham ajudado no passado, quando você contribuía em âmbito individual ou estava em um ambiente de trabalho distinto. Mas, agora, percebendo que eles não são mais tão úteis assim, pare de tratá-los como algo que você faz e valoriza. Valores "ultrapassados" podem incluir qualidades como independência e trabalhar sozinho, ser perfeccionista ou ser muito expressivo e emocional.

51

OTIMIZE TUDO

> "Sempre há espaço para melhorar a cada coisa que você toca."

Às vezes, você deve agir como um consultor corporativo, trabalhando com seus colegas para ajudar a descobrir maneiras melhores de executar os afazeres e conduzir a implementação de quaisquer mudanças ou atualizações em sistemas, processos ou procedimentos. As descobertas resultantes podem gerar benefícios enormes em termos de ganhos de produtividade, reduções de custos e cronogramas mais enxutos.

Como líder, você precisa ter uma visão sobre o que os membros da sua equipe e colegas precisam fazer e cumprir, assim como quais são os sistemas, fluxos de trabalho e processos que eles precisam seguir. Como resultado, você estará posicionado para observar e entender quando:

- Os fluxos de trabalho parecem complicados e ineficientes;
- Processos parecem agregar pouco ou nenhum valor, ou estão simplesmente sendo replicados;
- Sistemas e procedimentos resultam em gargalos e atrasos desnecessários;
- Alguns fluxos de trabalho e sistemas excelentes poderiam ser utilizados em outras áreas da empresa;
- Há lacunas e coisas faltando, sendo ignoradas ou que não estejam sendo muito bem-feitas.

Líderes de sucesso estão acostumados a identificar e discutir sobre áreas nas quais se pode haver melhorias, avaliando como as soluções podem ser implementadas. Com o tempo, conseguem desenvolver uma estrutura mental para planejamento, que é sistemática e guiada por processos, enquanto mantêm uma visão panorâmica da situação e foco nos detalhes. Eles entendem que se trata de um esforço em grupo e que é possível descobrir muito mais se trabalharem juntos, envolvendo até mesmo pessoas recém-contratadas, que podem trazer uma perspectiva nova e uma curiosidade infantil para a equipe.

ENTRE EM AÇÃO

Entenda ideias e ferramentas das melhores práticas

Desenvolva o interesse por pesquisas e artigos elaborados por empresas de consultoria renomadas mundialmente, como McKinsey, Bain, Stategy+ e PwC, que oferecem insights sobre como os líderes estão mudando e otimizando diferentes aspectos das suas organizações.

Dedique tempo para se familiarizar com ferramentas, metodologias e esquemas de trabalho empregados por líderes e suas equipes, que podem ser usados para descobrir, planejar e implementar mudanças organizacionais e melhorias impactantes. As ferramentas mais populares atualmente incluem:

- Agile — Este é um processo para fazer melhorias em que equipes pequenas com competências em comum assumem a responsabilidade total pelas questões que forem incumbidas de resolver;
- Scrum — É relacionado com a Agile e dita que o trabalho seja cumprido por equipes pequenas, dividindo-o em tarefas que podem ser completadas em períodos curtos e definidos;
- Kanban — Um método de visualizar processos e fluxos de trabalho para identificar potenciais gargalos e soluções para resolvê-los;
- 6 Sigma — Conjunto de processos usado para identificar e eliminar as causas de erros ou defeitos e reduzir a variabilidade na qualidade de qualquer tipo de sistema empresarial;
- Waterfall — Fragmenta o trabalho em tarefas, com cada uma delas dependendo de que uma tarefa anterior seja completada;
- Kaizen — Refere-se a um processo de buscar continuamente fazer melhorias em qualquer parte de uma organização.

Aceite qualquer disrupção

Não importa quanto os atos de trabalhar e implementar um novo processo possam ser disruptivos e doloridos, mantenha em mente e lembre a sua equipe dos benefícios que podem ser obtidos como resultado. Pense em qualquer disrupção como obras na estrada. É irritante a princípio, mas resulta em um fluxo de trânsito mais rápido e fácil no futuro.

VERIFIQUE SEUS SENTIDOS ANTES DE AGIR

"É melhor fazer uma pergunta boba hoje do que cometer um erro idiota amanhã."

Qual foi a última vez que você entendeu alguma coisa de maneira completamente equivocada, sem conseguir encontrar sentido no que observou, entendeu ou ouviu?

Não há nada pior do que terminar uma tarefa importante sentindo que você fez um ótimo trabalho e descobrir que compreendeu mal o que deveria ter feito, e que seu tempo e seus esforços foram desperdiçados. Isso pode ser constrangedor e custoso, pois você pode ter de recomeçar o projeto do zero — ou pode ter perdido uma oportunidade ou prazo importante, e agora é tarde demais para refazer o trabalho. Isso pode irritar e desmotivar bastante a sua equipe se eles tiverem de ajudá-lo com o retrabalho. Em casos extremos, seu mal-entendido pode lhe custar a reputação ou até mesmo a carreira.

Funcionários em cargos de menor responsabilidade podem ser perdoados por cometer tais erros. Com sorte, o custo quando fizerem algo errado será pequeno. Como líder, você está sendo pago para fazer as coisas do jeito certo e não para criar mais problemas, deixando de entender adequadamente o que precisa ser feito. Líderes de sucesso entendem muito bem isso. E, para garantir que nunca incorram nesse tipo de erro, eles:

- Passam um bom tempo entendendo o que foram incumbidos de fazer, as perguntas que precisam responder ou os problemas que podem precisar resolver;
- Fazem a mesma coisa com suas equipes e seus colaboradores, encorajando-os a explorar o que estão ouvindo e entendendo, ao mesmo tempo que questionam suas próprias pressuposições e percepções.

ENTRE EM AÇÃO

Diminua a velocidade para entender as coisas
Antes de correr para responder e resolver questões e problemas, sempre passe algum tempo sozinho ou com os colaboradores a fim de se assegurar de que entendeu completamente o que está acontecendo, o que está sendo pedido e o que se espera de você e da sua equipe. Chamo isso de pisar no freio antes de acelerar. Esses minutos ou dias extras antes de começar uma tarefa podem fazer toda a diferença. É comparável a ler as instruções antes de montar perfeitamente algum móvel que é entregue desmontado. Todos sabemos o que acontece se você correr para montar a peça sem consultar as instruções e colocar as peças de madeira ao contrário.

Tome cuidado quando um colaborador responde rapidamente em uma reunião dizendo algo como "Sim, eu entendo e não há problemas, vou começar agora mesmo". Às vezes essa pode ser a resposta certa, mas nem sempre é o caso. Comece a ser um líder que sempre ajuda os outros a entenderem as coisas, fazendo perguntas como:

- Talvez seja uma pergunta boba, mas nossas hipóteses estão certas? Sabemos o que o cliente realmente quer que façamos?
- Mesmo correndo o risco de soar idiota, o problema é mesmo tão simples quanto imaginamos?
- Precisamos verificar de novo o que o outro departamento espera de nós?

53

ANDE DE CABEÇA ERGUIDA

> *"É impossível liderar com sucesso quando você está encolhido no canto da sala."*

Quando você conhece novas pessoas, elas percebem e o reconhecem como um líder antes que se apresente e troque cartões de visita?

Muitos líderes não possuem presença, seriedade ou porte. Quando entram em uma reunião com outros membros da sua equipe, por exemplo, as outras pessoas nunca os identificam como chefes. Podem até mesmo achar que um subordinado mais autoconfiante e extrovertido é quem ocupa o cargo.

Você pode achar confortável o fato de não se destacar como líder e ficar feliz quando seus colegas são vistos como pessoas que estão acima de você na hierarquia. Inclusive, isso até pode ser bom em determinadas ocasiões. Por exemplo, durante uma negociação importante, quando quer observar discretamente a outra parte sem que saibam quem você realmente é.

Entretanto, na maioria dos casos, não é possível se esconder desse jeito. Para desempenhar o seu papel com sucesso, é preciso aparecer e agir como líder. Você precisa fazer isso para representar bem a sua equipe e a empresa em todos os tipos de reuniões, negociações, pontos de encontro e eventos.

Para fazer isso de forma satisfatória, é preciso ter presença executiva, que também pode ser conhecida por outros nomes como seriedade, estatura ou altivez. Não é algo fácil de dominar, mas líderes de sucesso sempre se esforçam para assimilar esse tipo de postura. Alguns têm mais sorte do que outros e, devido à própria personalidade, aparência física, habilidades linguísticas ou criação, podem estabelecer uma presença executiva natural.

Se você não tem essas características inatas, é preciso aprender e praticar algumas dicas.

ENTRE EM AÇÃO

Tome posse da sua função
Talvez você evite ou não tenha a autoconfiança necessária para agir como líder porque sente que não merece estar em uma posição de liderança. Conhecida como síndrome do impostor, essa tendência a não se sentir pronto ou digno do cargo ocupado é uma ansiedade muito comum. De uma maneira geral, vejo que é algo que acomete mais as mulheres do que os homens. Converse sobre o seu problema com colaboradores mais próximos, pedindo-lhes que o encorajem e ajam como mentores para ajudá-lo a se sentir confortável com o cargo.

Construa sua autoconfiança e extroversão
Se você não for uma pessoa naturalmente sociável, comunicativa e extrovertida, é hora de aprender a sê-lo. Comece a fortalecer a autoconfiança para cumprimentar novas pessoas, conversar sobre assuntos variados e fazer apresentações como um palestrante experiente. No início, pode ser que você se sinta relutante, em particular se for mais tímido e introvertido. Mas é possível praticar todos os dias para que, pouco a pouco, você se sinta mais confortável em ser sociável e mais autoconfiante para se apresentar a outras pessoas.

Porte-se e vista-se como um líder
A linguagem corporal e a postura passam uma mensagem muito forte. O simples ato de ficar com o corpo ereto de maneira tranquila projeta mais seriedade e estatura. Da mesma forma, o que você veste exerce impacto na sua aparência. Vale a pena descobrir quais roupas, acessórios e cortes de cabelo funcionam melhor para você em seu ambiente de trabalho.

DEIXE OS OUTROS BRILHAREM

"Nunca queira ter todos os holofotes apontados para você."

Uma das suas principais funções como líder é motivar as pessoas, e isso inclui fazer com que sejam ouvidas, agradecidas e reconhecidas. Isso pode trazer muitos benefícios para elas e para você:
- As pessoas são mais felizes, satisfeitas e produtivas quando seus chefes e colegas de trabalho reconhecem e falam sobre seus sucessos;
- Como chefe, você também deve se sentir energizado, pois a equipe vai admirá-lo e respeitá-lo mais devido à maneira como você os valoriza e reconhece;
- É mais fácil dar um feedback crítico ou pedir que façam tarefas difíceis quando você já criou um relacionamento forte, baseado em reconhecer regularmente suas qualidades positivas e seu bom trabalho.

O reconhecimento pode se manifestar em muitas formas, desde um "obrigado" em uma reunião até fazer com que participem da conferência anual da empresa, falando sobre um projeto bem-sucedido no qual trabalharam, dando prêmios do tipo "funcionário do mês" e até mesmo oferecendo uma promoção.

Quando não há reconhecimento, as pessoas podem ficar bem chateadas. Talvez você conheça a sensação depois de ter sido ignorado da mesma maneira. Provavelmente começou a ficar desmotivado, distante e até mesmo deprimido ou com a sensação de não ter valor. As pessoas podem ficar magoadas quando veem outros receberem o reconhecimento por um trabalho pelo qual foram inteira ou parcialmente responsáveis. Isso pode levar a sentimentos como raiva, inveja, ressentimento e até mesmo queixas de que o chefe mostra favoritismo ou é mesquinho, negando-lhes qualquer reconhecimento.

ENTRE EM AÇÃO

Varie o modo como você reconhece as pessoas
Dar o devido reconhecimento não é só agir do mesmo jeito o tempo todo. Várias repetições da mesma coisa fazem com que ela perca o impacto. E há um limite para quantas vezes uma pessoa pode ser considerada o "funcionário do mês" antes que a situação fique constrangedora e esquisita.

Da mesma maneira, não é possível reconhecer pessoas diferentes usando os mesmos artifícios. Um colaborador pode gostar muito de ter um e-mail de agradecimento sobre ele enviado para toda a equipe. Ao mesmo tempo, para outra, isso pode significar pouco; este funcionário pode estar em busca de reconhecimento em termos de mais responsabilidades no trabalho.

Reserve um tempo na sua semana para refletir sobre quem precisa de reconhecimento e de quais formas. Seja generoso e justo. E evite acusações sobre sempre reconhecer as mesmas poucas pessoas na equipe. Tente perguntar aos funcionários se eles acham que você os reconhece o suficiente e pelas razões certas. Envolva-os, pedindo que sugiram quem pode merecer algum reconhecimento especial.

Crie oportunidades para o reconhecimento
Sempre dê às pessoas a oportunidade de brilhar e de ficar sob os holofotes. Quando possível, sacrifique a sua própria oportunidade e necessidade de ser reconhecido:
- Quando chefes ou supervisores em cargos mais altos vierem visitar seu departamento ou filial, permita que sua equipe converse e se apresente a eles sem que você fique encarregado de falar o tempo todo;
- Quando lhe pedirem para representar a equipe em um evento global anual, não participe sempre pessoalmente. Peça a um dos membros da equipe para fazer a apresentação em seu lugar. Faça um rodízio consciente da pessoa a quem você pede que faça isso quando essas oportunidades surgirem para dar os holofotes a mais pessoas.

55

FAÇA O MICROGERENCIAMENTO COM SABEDORIA

"Olhar por cima do ombro dos seus subordinados dificilmente vai fazer com que gostem de você. Mas, às vezes, é necessário."

Um dos piores tipos de líder é aquele que nunca deixa os seus subordinados em paz. No capítulo 43, você aprendeu que ser um chefe que vive olhando por cima dos ombros da equipe pode ser sufocante e desmotivador. E, com frequência, é uma das principais razões pelas quais uma pessoa pode pedir demissão.

Embora o microgerenciamento jamais deva ser o seu estilo-padrão de liderança, às vezes é necessário microgerenciar quando você sabe que há ótimas razões para se envolver de perto com o trabalho de um dos membros da equipe.

Eis alguns exemplos de quando isso pode acontecer:
- Um novo membro se juntou à equipe, mas não tem familiaridade com vários aspectos de suas obrigações e responsabilidades;
- Um membro experiente, que já está na equipe há muito tempo, assumiu um novo desafio pela frente, e essa tarefa pode gerar uma exposição enorme ou ser muito custosa se não for feita da forma correta;
- Você tem um funcionário com desempenho abaixo do esperado e precisa acompanhá-lo bem de perto no trabalho para tentar estimulá-lo e desafiá-lo a melhorar;
- Surge uma emergência ou um prazo que requer muita rapidez na execução, e você sabe que não pode se arriscar a deixar que a equipe lide sozinha com as tarefas relevantes. Com sorte, a experiência de apagar incêndios deve ser rara em vez de ocorrer diariamente.

ENTRE EM AÇÃO

Escolha com cuidado quando microgerenciar
O segredo é nunca permitir que o microgerenciamento, em qualquer forma, se torne o seu padrão automático. Em vez disso, use-o como uma das possíveis ferramentas que você só utiliza em situações muito específicas, quando sente que é o estilo de liderança mais apropriado.

Seja um microgerenciador estimulante e inspirador
Um aspecto difícil de microgerenciar é executar essa tarefa sem desmotivar e irritar os funcionários. Líderes de sucesso conseguem fazer isso seguindo estas regras:
- Explique seus motivos e necessidades de trabalhar tão de perto, e peça que os membros da equipe compreendam a situação;
- Pergunte como eles gostariam de ser microgerenciados em vez de simplesmente impor seu estilo. Eles podem preferir vir até a sua sala em vez de lidar com a sua presença constante no espaço geral de trabalho;
- Fique calmo e evite demonstrar ansiedade, preocupação e estresse desnecessários (sobre o desempenho de uma pessoa específica), pois isso vai deixar a pessoa em questão mais ansiosa e ela pode começar a enxergar suas tentativas de ajudá-la como algo não muito favorável;
- Mostre que você valoriza e confia na pessoa que está microgerenciando. Não é fácil fazê-lo, já que ser microgerenciado dá à maioria das pessoas a sensação de que falta confiança nelas. Tente superar isso conversando abertamente com os membros da sua equipe sobre o quanto você confia neles e os valoriza, explicando os motivos pelos quais é preciso microgerenciá-los nesse momento.

56

ESPALHE OTIMISMO

> *"Tenha cuidado com como você se comporta.*
> *Otimismo e pessimismo são altamente contagiosos."*

Você já trabalhou para um chefe muito pessimista? Não deve haver nada pior do que trabalhar para alguém que está sempre irritado, negativo e deprimido. Você vai se sentir desmotivado e infeliz, e o desempenho do seu chefe ficará abaixo do esperado. O senso comum sugere que há relação entre o otimismo de um líder e seu desempenho.

Uma pesquisa publicada em 2017 no *International Journal of Management* fez uma revisão da literatura sobre esse assunto e confirmou a hipótese, revelando que o otimismo tem um forte impacto na efetividade da liderança de quatro maneiras:

- O otimismo cria confiança entre as pessoas;
- Ajuda um líder a agir de modo positivo e a ser resiliente em tempos difíceis;
- Cria um ambiente mais cooperativo e amistoso;
- Melhora a autoeficácia das pessoas ou sua crença na própria capacidade de alcançar resultados.

Mas o otimismo faz mais do que apenas isso; também pode ajudá-lo a ter uma vida mais longa e saudável. Um estudo publicado em 2002 pela Universidade de Yale concluiu que pessoas mais positivas vivem em média 7,6 anos a mais do que outros indivíduos.

Líderes de sucesso entendem todos esses benefícios e sempre vão tentar projetar otimismo, cientes de que ser pessimista e mal-humorado serve apenas para desmoralizar os funcionários, repelir clientes e até mesmo incutir cautela nos investidores.

Há momentos, entretanto, em que um líder experiente pode ter de pisar no freio em relação às suas demonstrações de otimismo. Por exemplo, quando tiver de se desculpar por um erro da empresa, ao anunciar resultados financeiros ruins ou comunicar o falecimento de um colaborador. Mas essas são exceções que confirmam a regra. Na maior parte das vezes, um líder de sucesso vai projetar um otimismo consistente em todas as suas palavras e ações.

ENTRE EM AÇÃO

Desenvolva uma perspectiva otimista
Treine sua mente para ser otimista, independentemente de você ser uma pessoa naturalmente positiva ou se é do tipo que sempre acha que o copo está meio vazio.

- Dê uma olhada em seus padrões de comportamento e peça a outras pessoas que lhe deem opinião sobre a frequência e de que maneiras você se mostra positivo e otimista;
- Quando as coisas não acontecem da maneira como quer ou quando alguém discorda de você, peça a colegas que o avisem se perceberem que está agindo de forma negativa. Quando isso ocorrer, diga a si mesmo para se afastar e seguir em frente. Sorria, saia para dar uma volta ou feche os olhos enquanto respira;
- Encare eventos e situações com uma lente positiva, fazendo perguntas a si mesmo e aos colaboradores do tipo: "Apesar desse atraso, há algum ponto positivo que podemos aproveitar?"; "Apesar desses obstáculos, o que está indo bem?"; ou "Talvez o projeto não tenha alcançado as expectativas do cliente, mas quais são as lições positivas que aprendemos para a próxima vez?";
- Afaste-se de pessoas negativas e evite contratá-las para trabalhar nas suas equipes e na organização. A falta de um mindset positivo pode ser tóxico e drena energia enquanto você tenta gerenciar e conter a negatividade;
- Sempre informe os membros da equipe e os colaboradores quando não estiver se sentindo positivo e houver a possibilidade de passar uma imagem negativa ou deprimida. Quando estiver se sentindo assim, tente ficar longe das pessoas, trabalhando em home office, cancelando reuniões e evitando tomar decisões importantes. Quando estiver se sentindo para baixo, é melhor ficar sozinho do que permitir que outras pessoas recebam uma dose do seu pessimismo.

57

QUANDO ALGUÉM CAIR, AJUDE-O A SE LEVANTAR

> *"Todo mundo enfrenta dificuldades. Liderar é encorajar as pessoas de modo que continuem tentando."*

É fácil para um líder reconhecer e celebrar os sucessos da sua equipe, particularmente quando podem compartilhar da glória. O bom trabalho da equipe reflete bem em você, enquanto chefe.

O desafio surge quando um dos membros tem dificuldade para alcançar os objetivos, podendo até mesmo fracassar. No ambiente empresarial dos dias de hoje, deparar-se com dificuldades e fracassar são contingências cada vez mais comuns. Como reagir quando isso acontece?

A maneira como você reage aos membros da equipe quando eles fracassam é uma medida importante da sua maturidade em termos de liderança. Pode ser fácil ficar irritado e contrariado, deixando o seu subordinado sem qualquer dúvida sobre o que fez de errado. Um líder sábio também pode ficar abalado, mas pensaria em uma estratégia ampla para ajudar o indivíduo a aprender e seguir em frente da seguinte maneira:

- Desafiando o colaborador a aceitar, aprender e crescer a partir das suas experiências e dos seus erros;
- Apoiando-o de modo que possa seguir em frente de forma positiva e continuar se esforçando.

ENTRE EM AÇÃO

Desafie e apoie sistematicamente
Sempre que um membro da equipe enfrentar dificuldades para completar o próprio trabalho e alcançar os objetivos, use o processo a seguir de cinco partes para ajudar a pessoa a aprender e crescer:

- Deixe que o indivíduo fale sobre seus sentimentos, decepções e preocupações (por exemplo: como as pessoas, incluindo você, reagiram ao ocorrido);
- Permita que explore, entenda e aprenda com o acontecido, quem teve culpa e como não repetir os erros;
- Dê treinamento, orientação, mentoria e outras formas necessárias de apoio para ajudá-lo a ter sucesso da próxima vez;
- Use o tempo para estimular, inspirar, entusiasmar e motivar o colega em questão para seguir em frente com confiança e positividade;
- Dê-lhe respaldo, confiança e garantias que o encoraje a fazer as mesmas atividades novamente.

Nunca seja cruel
Nunca seja aquele líder que se diverte com as dificuldades e os fracassos dos demais, mesmo que sejam concorrentes. Mantenha-se neutro e discreto, e nunca pise em alguém quando essa pessoa já está em dificuldades e se sentindo mal. Além de ser a coisa certa a fazer, você nunca sabe se pode precisar que esse funcionário o ajude, estimule e apoie no futuro.

Quando os erros se repetem, responda com sabedoria, não com emoção
Se alguém repete um erro, você pode ficar irritado e aborrecido com a pessoa. A depender das circunstâncias, pode até mesmo cogitar se deve manter aquele colaborador na equipe. Antes de culpá-lo, verifique se as dificuldades dele se devem a você não ter feito as seguintes coisas:
- Não fez tudo que podia para ajudar o funcionário a aprender com o primeiro erro;
- Não o equipou e apoiou da melhor maneira possível para tentar novamente.

58

NADA DE LADAINHAS

> *"Quer ser um grande líder?*
> *Comece eliminando as mentiras."*

As mentiras e as desonestidades dos líderes vêm sendo continuamente expostas. Com frequência, elas são relativizadas e aceitas, com todo tipo de justificativa:
- "Foi só uma pequena distorção da verdade";
- "Outras pessoas já fizeram as mesmas alegações falsas";
- "Aconteceu uma vez só, e eu nunca engano as pessoas";
- "A verdade é dolorosa e complicada demais";
- "Todo mundo faz a mesma coisa";
- "A verdade é meio nebulosa, de qualquer maneira";
- "Ninguém quer ouvir a verdade".

Você pode achar que contar uma mentira ocasional é aceitável e insistir que é honesto no restante do tempo. Entretanto, em um estudo da revista *Nature Neuroscience*, publicado em 2016, uma equipe de psicólogos, incluindo Dan Ariely, demonstrou que, quanto mais mentimos, nosso cérebro produz menos sentimentos de culpa, medo e ansiedade. Em outras palavras, quanto mais agirmos de forma desonesta e enganosa, menor é a probabilidade de nos impedirmos de agir da mesma forma outra vez.

Tentar ser honesto pode não ser fácil, mas os benefícios devem servir de incentivo para estimular você a tentar sempre agir com 100% de integridade.
- Você será considerado digno de confiança e respeitado como alguém que fala a verdade e dá feedbacks e avaliações honestas. Pode haver momentos em que não seja muito popular por falar a verdade, mas, se tudo correr bem, os outros vão respeitá-lo por ser uma pessoa de caráter;

- Ser honesto é muito fácil. Por outro lado, mentir é algo que desgasta, porque não ser descoberto demanda energia. Envolve ter de se lembrar do que disse, caso precise repetir a mesma mentira;
- As pessoas vão se sentir mais confortáveis quando precisarem se abrir e compartilhar informações com você, sabendo que é uma pessoa em quem podem confiar para manter a palavra;
- Ser honesto é contagioso e vai estimular as pessoas com quem você trabalha para que sejam mais francas e verdadeiras também.

ENTRE EM AÇÃO

Pense que uma reputação construída a longo prazo vale mais do que ganhos a curto prazo
Da próxima vez que sentir a tentação de contar até mesmo uma mentirinha inocente, pergunte a si mesmo: "O custo de ser desmascarado vale mesmo a pena?" Mesmo se a sua consciência estiver tranquila com a possibilidade de distorcer a verdade, a sua reputação e o seu nome vão conseguir suportar a descoberta de que você foi desonesto?

Você precisa ser forte quando estiver sofrendo a pressão dos colegas para esconder alguma coisa e mentir, como afirmar que uma tarefa foi cumprida no prazo, quando na verdade não foi. Seja forte e entenda que proteger a sua reputação deve sempre ser mais importante do que os dissabores e a pressão que você causa quando se recusa a entrar no jogo sórdido.

Se manter a honestidade for estressante demais, esteja disposto a procurar outras oportunidades. Decidir pela demissão nunca é um fracasso e, em casos como esse, você está simplesmente escolhendo se proteger de pressões em potencial, tanto dos superiores quanto dos colegas, além de passar pelo afastamento no trabalho. Se você está numa posição de alta liderança e se sente forte o bastante em sua posição, pode decidir ficar para tentar mudar a cultura de trabalho de maneira proativa.

Estimule os outros para que sejam francos
Mesmo que trabalhe em um ambiente muito saudável no qual a integridade é altamente valorizada, você ainda pode ter colegas que criam histórias e brincam com a verdade de tempos em tempos. Como líder,

sua função é dar um fim a isso. Você pode tentar fazê-lo de maneira diplomática, em particular, de modo amigável e não oficial, ou de uma maneira mais formal em que denuncia o que a pessoa fez aos setores competentes da empresa.

NÃO SE ESQUEÇA DA SAÚDE

> *"Não é fácil liderar outras pessoas se você está em uma cama de hospital!"*

Ninguém destruiria a própria saúde em busca de sucesso na carreira e oportunidades de liderança, não é? Infelizmente, é isso mesmo que muitos líderes fazem. Eles vão subindo a hierarquia da liderança ao mesmo tempo que ficam esgotados devido ao estresse, ficando física e mentalmente doentes, além de drenados no aspecto emocional. Já orientei dezenas de líderes assim, e fico espantado com quanto eles se permitiram ficar doentes enquanto buscavam bônus anuais e promoções.

Uma liderança de sucesso requer habilidades tais como atenção a detalhes, concentração, equilíbrio emocional, foco, tranquilidade e persistência, e todas elas precisam que você esteja nas melhores condições. Quando se está estressado, sobrecarregado e esgotado, não é possível fazer nada disso e, como resultado, corre-se o risco de:

- Tomar decisões ruins e cometer outros erros por estar cansado e não conseguir se concentrar;
- Não ter inspiração positiva por sentir-se estressado e deprimido;
- Não estar calmo e feliz devido à dor e à irritação causadas por músculos tensos, torcicolos ou dores de cabeça;
- Não ter o desejo de olhar para a frente e definir uma visão e direção, pois se sente totalmente esgotado. Como resultado, você pode começar a perder o interesse por seu trabalho e sua carreira.

ENTRE EM AÇÃO

Cuide de todas as partes da sua saúde
Você deve fazer tudo o que for necessário para manter seu bem-estar e sua saúde:

- Saúde física — Monte uma rotina de exercícios composta por atividades físicas que o interessem, pode ser caminhar, correr, praticar esportes ou até ir à academia;
- Saúde mental — Mantenha a mente calma e relaxada, buscando momentos de silêncio, afastando-se do ruído das tarefas do dia a dia, meditando e passeando em meio à natureza;
- Saúde emocional — Afaste-se de situações tensas e que causem irritação, parando por um momento antes de reagir quando uma pessoa ou situação o fizer ficar estressado e sem paciência;
- Saúde espiritual — Todos buscamos significado no trabalho e equilíbrio em nossas vidas. Quando o seu cargo de liderança não lhe der mais nenhuma dessas coisas, aplique mudanças. Isso pode envolver até mesmo a sua saída do emprego ou da empresa atual.

Sempre coloque a saúde à frente da carreira de liderança
Quando os estresses de ser líder ficam insuportáveis, esteja disposto a recuar um passo, pisar no freio ou até mesmo pedir demissão a fim de proteger sua saúde. Isso é o que líderes de sucesso fazem. E você jamais deve ter a impressão de que fracassou quando colocar a saúde à frente da carreira. Mire-se no exemplo do CEO do Lloyds Bank, António Horta-Osório, que se afastou temporariamente do cargo em 2011 para se recuperar da exaustão. Depois de alguns meses de licença, ele voltou ao cargo de liderança que ocupava no banco e continua lá até hoje.

Fique de olho na saúde da sua equipe
Ajude a equipe a se concentrar na própria saúde, falando sobre assuntos e questões como estresse, horas de trabalho, conflitos e tensões, ambientes de trabalho físicos, alimentação saudável e exercícios. Sempre apoie as ideias e sugestões dos funcionários que se conectem a maneiras pelas quais vocês possam deixar o trabalho e a vida ainda mais saudáveis.

60

SEJA OUSADO E DESTEMIDO

> *"Não seja excessivamente precavido.
> Leve sua equipe até onde você jamais esteve."*

Suas habilidades de liderança serão testadas quando você levar sua equipe, organização ou empresa rumo a novas direções e desafios desconhecidos, em busca de objetivos grandes e audaciosos. Uma quantidade enorme de líderes é cautelosa e conservadora demais para tomar tal atitude. E vai encontrar todas as razões imagináveis para explicar por que tais objetivos são impossíveis de alcançar.

Líderes de sucesso são muito diferentes e nunca reprimem sua ousadia, paixão, audácia e coragem. Eles usam essas características para empolgar, energizar e motivar pessoas (incluindo a si mesmos) para enfrentar até mesmo os objetivos que parecem impossíveis e inalcançáveis.

Você sempre consegue identificar líderes que:
- Estão dispostos a criar e focar em objetivos extraordinários que podem parecer sonhos malucos para outras pessoas;
- Transformam equipes comuns em times extraordinários que aceitam enfrentar desafios que pareceriam inalcançáveis para a maioria das pessoas.

Elon Musk é um exemplo de líder que age consistentemente dessa maneira ousada e corajosa. É possível enxergar isso em todos os seus projetos e empresas, incluindo os planos de colonizar Marte, de criar foguetes reutilizáveis de decolagem vertical e construir o maior sistema de armazenamento de íons de lítio na região Sul da Austrália, em um prazo propositadamente curto. Nem todo líder dispõe de personalidade, ambição ou inclinação para se tornar um Elon Musk, mas todos os líderes de sucesso desenvolvem e praticam, à sua maneira, as habilidades de pensar grande e encorajar outros a fazerem o mesmo.

ENTRE EM AÇÃO

O que impede você de pensar grande?
Observe suas reações e emoções quando seus colaboradores ou superiores lhe apresentam um objetivo ou sonho muito ambicioso. Se ficar relutante em explorar e abraçar as ideias em questão, entenda o motivo e esteja disposto a compreender a razão por trás da relutância:
- É aceitável sentir-se sobrecarregado e se preocupar com os desafios envolvidos em projetos tão grandes. Mas é uma questão para ser analisada depois, não uma razão para acabar com o objetivo ou o plano ambicioso hoje;
- É compreensível pensar que um objetivo grandioso pode ser impossível de alcançar e, como resultado, não querer investir tempo ou energia discutindo a questão;
- Suspenda o ceticismo e a descrença, dizendo a si mesmo "talvez seja possível". Comece a se permitir a escutar ativamente aqueles que estão vendendo a ideia.

Assuma o risco de buscar objetivos extraordinários
Esteja disposto a conquistar suas próprias metas audaciosas. Assim como você pode estar cético com relação às ideias malucas e ambiciosas de outras pessoas, esteja pronto para desenvolver uma resistência a críticas a fim de evitar as dúvidas e o ceticismo de quem trabalha om você.

Apaixone-se tanto pelas próprias ideias a ponto de poder encontrar coragem e convicção para seguir em frente com seus planos, mesmo que os colaboradores achem que você está louco.

Busque a aprovação da equipe
- Treine para ser mais extrovertido e expressivo em sua comunicação. Isso vai ajudá-lo a se pronunciar de maneira mais instigante, inspiradora e motivadora com a equipe para que os membros apoiem os objetivos que você traçou;
- Procure sempre usar palavras positivas e inspiradoras, afirmando que seus planos são empolgantes, revolucionários e inéditos. Isso vai ajudar a entusiasmar os colegas e pode auxiliar para que eles entendam melhor seu ponto de vista e comprem suas ideias;

- Você também pode criar histórias para compartilhar com a equipe, ajudando a expressar a visão sobre para onde você deseja levá-los. E eles vão ter mais facilidade para entender suas metas audaciosas.

OLHE ALÉM DO RESULTADO FINANCEIRO

> *"Todo líder tem um propósito e responsabilidade profundos em relação à Terra e à toda humanidade."*

Não basta apenas alcançar metas de vendas, lucros e crescimento. Para se considerar um líder de sucesso nos dias de hoje, você também precisa ter a certeza de que todas as suas criações são sustentáveis e que ajudam a tornar o mundo um lugar melhor e mais saudável para se viver.

Para fazer isso, é preciso reconhecer e lidar com todos os tipos de práticas questionáveis de liderança, tais como:

- Construir uma empresa altamente lucrativa de água mineral, mas que remove toda a água dos aquíferos locais e reduz os lençóis freáticos;
- Expandir sua compra de produtos de vestuário em países com baixo custo de mão de obra e ignorar alegações de que as suas roupas são produzidas com trabalho infantil e em condições análogas à escravidão, além de usar corantes que produzem resíduos poluentes para os rios nos arredores das fábricas;
- Distribuir, sem qualquer critério, cápsulas descartáveis de café e outros produtos plásticos sem nenhum plano de mudar para produtos biodegradáveis ou oferecer iniciativas de reciclagem para os clientes;
- Terceirizar os depósitos e a cadeia de suprimentos a uma empresa cujos funcionários têm contratos de trabalho intermitentes, que precisam estar à disposição continuamente em turnos de doze horas, com pausas curtas e monitoradas;
- Provocar emissão excessiva de carbono, permitindo que seus funcionários sempre viajem de avião para fazer negócios em vez de fazer videoconferências com colaboradores e *stakeholders* estrangeiros;

- Comandar uma empresa moveleira que compra matéria-prima de madeireiras que derrubam árvores sem qualquer cuidado ou critério com relação ao impacto ambiental.

Não é mais possível liderar uma empresa isoladamente e ignorar seu impacto no meio ambiente, nas comunidades e na sociedade como um todo. Por isso, não importa se você lidera uma entidade local e pequena ou uma grande organização global. Torne-se um líder que quer deixar um impacto positivo no mundo ao seu redor para o futuro das próximas gerações.

ENTRE EM AÇÃO

Veja onde a sua empresa está hoje

Faça uma auditoria de todas as práticas, processos e decisões de liderança na sua empresa, usando consultores externos ou uma equipe multidisciplinar de funcionários e líderes para fazerem a análise. Peça que elaborem uma lista com quaisquer atividades questionáveis e organize sessões de *brainstorming* e feedback para decidir coletivamente de que maneiras a empresa pode ser mais ética, justa e correta com o meio ambiente.

Experimente fazer o teste: "O que o seu filho de dezesseis anos pensaria?"

Para conseguir uma perspectiva mais ampla, compartilhe os resultados da auditoria e das sessões de *brainstorming* e feedback com um grupo de jovens. Pergunte o que eles acham que você deveria fazer. É bem possível que respondam a partir de uma perspectiva ética, sustentável e justa com bastante clareza, e que as conclusões deles ajudem a guiar as decisões que você vier a tomar.

Faça discussões regulares sobre CSR

Desenvolva o hábito de fazer análises de responsabilidade social corporativa (*Corporate and Social Responsibility* — CSR) e conversas que envolvam uma amostra diversa dos funcionários da sua empresa junto aos principais *stakeholders*. Reserve uma verba para ser gasta em várias iniciativas relacionadas à CSR, tais como retribuições à comunidade local, organizar mutirões para a limpeza de praias e criar sistemas de reciclagem.

Tenha a coragem de sacrificar os lucros
Nunca demore a retificar práticas inaceitáveis. É melhor encarar o custo e a dor por escolha própria do que esperar que um escândalo force a empresa a mudar. Torne-se um líder para quem os lucros são importantes, mas não são tudo. Torne evidente que você não hesitaria em fazer o que é certo, mesmo que isso gere custos extras. Um exemplo possível: parar de comprar matérias-primas de fábricas de baixo custo que tratam mal seus funcionários e mudar para fornecedores mais caros, que são monitorados abertamente e oferecem melhores condições de trabalho aos empregados.

62

SEJA UM MENTOR EXCELENTE

> *"Para ajudar outras pessoas a crescerem, compartilhe a sua sabedoria."*

Todos os líderes compartilham sua expertise, conhecimento e experiências. Ao fazerem isso, tornam-se mentores dos seus colaboradores (que, no jargão das mentorias, são chamados de mentorados). Infelizmente, a maioria faz isso muito mal, porque nunca aprendeu como agir no âmbito profissional como mentor de outras pessoas.

Os erros mais comuns incluem:
- Compartilhar relatos sobre suas carreiras que não tenham relevância com os desafios de um mentorado e com o tipo de ajuda que ele ou ela busca;
- Orientar sem entender as verdadeiras necessidades ou sem ter certeza de que o mentorado entendeu o que está sendo dito;
- Não escutar o que o mentorado diz e tratar a mentoria como um processo de comunicação de mão única, como uma oportunidade para se exibir e impressionar;
- Não aprender nada com as experiências do mentorado.

Mentorias ruins são contraproducentes e podem fazer com que o mentorado não encontre valor ou não aplique os conselhos que o líder lhe deu. A confusão resultante e o senso de ser irrelevante podem ser muito desmotivantes e desanimadores. Isso é comparável com um líder que sempre quer ter um papel diretivo por meio de falas, discursos e ensinamentos, e a única função da equipe é ouvir.

As melhores práticas de mentoria não envolvem simplesmente fornecer conselhos, opiniões e falar sobre a própria experiência para os outros. É uma jornada de descobertas que envolve:
- Um processo de compartilhamento e aprendizado de mão dupla, no qual o mentor ajuda o mentorado a refletir sobre suas

experiências, a embasar a sabedoria que adquiriu, a amadurecer e a melhorar seu pensamento em profundidade e amplitude;
- Um mentor que faz perguntas capazes de gerar insights em vez de simplesmente dar conselhos. Em momentos apropriados, o mentor pode usar as próprias experiências como exemplos e compartilhar insights e sugestões úteis que estejam alinhados com as necessidades, a situação e o contexto do mentorado.

ENTRE EM AÇÃO

Torne-se um mentor que tenha as melhores práticas
Adote o esquema de trabalho a seguir para responder a pedidos de ajuda:
- Quando alguém pedir ajuda, decida primeiro se a pessoa precisa de uma resposta imediata ou se há tempo para uma mentoria;
- Comece qualquer mentoria como uma conversa de orientação e coaching, explorando as questões do mentorado e quais opções ele ou ela já tem em mente para resolver os problemas. Para ajudar na orientação da conversa, siga o modelo "GROW" abordado no capítulo 47;
- Durante a conversa, transforme o coaching em mentoria, dizendo algo como: "Depois de ter ajudado a explorar e a entender o seu problema e as opções disponíveis, permita que eu dê algumas ideias e sugestões que podem ser úteis...";
- Alinhe seus conselhos com a situação e as necessidades do colega. Pergunte ao mentorado se ele ou ela achou sua ideia ou história relevante, e como pode aplicá-la em sua própria situação;
- Se ambos acharem que a experiência inicial de mentoria valeu a pena, podem continuar o relacionamento no decorrer de meses, tendo outras conversas nas quais o mentorado pode trazer qualquer assunto para ser discutido.

Crie um programa interno de mentoria
Trabalhe com os colegas de RH para montar programas de mentoria (ou ofereça-se para apoiar programas já existentes), nos quais funcionários mais novos ou menos experientes e líderes podem ser pareados com um mentor como você. O ideal é que o mentor nunca seja o próprio

superior direto da pessoa (para dar ao mentorado alguém além do seu próprio chefe com quem se abrir).

Esteja disposto a aprender com seus mentorados
Membros mais jovens podem trazer todo tipo de novos insights, incluindo ideias nas áreas de tecnologia e tendências entre sua própria geração que podem ajudar você a aprender como motivar e se engajar com eles. Esse processo, no qual um mentor aprende com um mentorado, é conhecido como mentoria reversa.

63

QUEBRE REGRAS

> *"Mostre coragem ao ignorar regras e normas que sejam irrelevantes."*

Ocasionalmente, líderes de sucesso não permitem que regras, políticas e normas os atrapalhem quando têm de tomar decisões para fazer a coisa certa.

Quanto maior e mais estabelecida é a organização para a qual trabalha, maior é a probabilidade que algumas regras tenham de ser postas à prova ou ignoradas para que o necessário seja feito. Isso pode envolver a quebra de regras aceitas, regras implícitas, políticas de comum acordo ou diretrizes escritas, tais como:

- Seu antecessor sempre participou de reuniões semanais com a equipe, mas você percebe que não faz sentido perpetuar essa prática e deixa de participar delas. Quando lhe perguntarem por que romper com uma prática já estabelecida, você pode ter de explicar suas razões;
- As políticas de RH alegam que todo candidato deve ser entrevistado por cinco colaboradores e ter suas referências e salários verificados antes que uma proposta formal de emprego seja feita. Entretanto, você entrevista uma candidata verdadeiramente destacada, que só conversou com mais um colega até o momento. E você percebe que a candidata está prestes a aceitar a oferta de um concorrente. Você decide ignorar as regras de contratação e propor de imediato uma oferta de emprego por escrito;
- Sua equipe vem trabalhando muito bem há anos com o fornecedor de um serviço de nicho. De acordo com novas regras de parceria, você percebe que o fornecedor em questão deve ser descartado porque não consegue cumprir vários requisitos de *compliance*. Mesmo assim, decide continuar trabalhando com ele, dizendo que não há outro fornecedor no mercado com o mesmo conjunto de competências.

ENTRE EM AÇÃO

Seja sábio
O segredo é ser sábio e sensato ao decidir quando e como ignorar as regras explícitas e implícitas da empresa. Nunca aja dessa maneira caso coloque em risco a sua carreira ou reputação. Se você já passou dos limites e cometeu o erro de ignorar uma regra importante de verdade, busque a compreensão do seu chefe ou dos colegas com mais senioridade, e nunca mais faça isso.

Seja franco e honesto
Se for coagido, nunca negue que ignorou uma das políticas da empresa. Explique com calma os motivos por não ter buscado as aprovações certas, preencher a documentação devida ou seguir um cronograma estabelecido.

Ajude a mudar as regras se elas não funcionam
Prepare-se para defender seus pontos de vista e sugerir que alguma política ineficaz seja eliminada por não agregar valor à organização, e que talvez já esteja sendo ignorada na prática por muitos colegas sem qualquer impacto negativo.

Mantenha-se dentro da lei
Não deveria ser preciso mencionar que quebrar regras jamais deve ser estendido ao ponto de violar as leis de algum país.
- Você pode demitir um membro da sua equipe sem seguir todos os procedimentos internos requeridos, mas nunca pode violar leis trabalhistas aplicáveis;
- Da mesma forma, você pode ultrapassar os limites de gastos da sua empresa quando levar um cliente para um jantar de celebração, mas nunca dê a ele nada que possa resultar em uma acusação de quebrar leis antissuborno do país.

64

ACEITE O FATO DE QUE A SOLIDÃO PODE SURGIR

> *"Liderança e solidão frequentemente andam de mãos dadas."*

Liderar pode ser solitário. É preciso tomar cuidado porque isso pode ser um fator negativo para desempenho no trabalho. Isso foi demonstrado em um estudo publicado em 2012 pela *Harvard Business Review*, revelando que 50% dos CEOs afirmaram sentir solidão no trabalho. Desses, 61% tinham a impressão de que o problema afetou o seu rendimento.

A solidão surge por não haver ninguém com quem você possa se abrir e compartilhar problemas e preocupações. Isso acontece em detrimento da sensação de que ninguém vai entender o que você está passando, ou porque você não considera adequado ser franco com certas pessoas:

- Sua equipe pode não entender ou não reconhecer seus desafios relacionados à liderança;
- Você pode ter de manter muitas questões e decisões em sigilo, e isso limita a sua habilidade de se abrir com a equipe;
- É possível que você relute em fazer confidências a colegas com mais senioridade e ao seu próprio chefe (se tiver um) por medo de demonstrar vulnerabilidade e fraqueza, temendo que no futuro usem isso contra você.

A sensação de estar sozinho pode ser ainda mais difícil se você foi membro da equipe que está gerenciando agora. Antes de ser promovido, talvez você tenha sido muito franco e próximo dos colegas. Mas, agora que é o chefe, eles o tratam de maneira diferente; por exemplo, não o convidam mais para socializar.

Você pode descobrir também que um cronograma cheio interfere em sua vida social e implica em ter menos tempo livre para se encontrar com familiares, amigos e conhecidos. Isso pode ser muito frustrante e contribuir para intensificar os sentimentos de solidão.

ENTRE EM AÇÃO

Reconheça a sua solidão
Acostume-se a estar sozinho e não ter colegas por perto para trocar ideias, buscar opiniões e verificar a viabilidade de pensamentos. Tenha a autoconfiança de escutar a si mesmo e tomar decisões sozinho.

Conquiste um amigo alternativo ou dois
É possível tomar algumas decisões sozinho, mas líderes de sucesso buscam conselhos, assistência e troca de ideias com outros quando é preciso. Eles criam uma rede de apoio com a qual podem contar. Isso pode incluir:
- Entrar em contato com um ou dois colegas de confiança que você conhece há algum tempo, com quem pode trocar confidências e se abrir em relação a ansiedades, preocupações e medos. Essas pessoas podem ser indivíduos que agem como seus mentores como parte de um programa;
- Fazer amizade com líderes que trabalham em outras organizações, de modo que você possa se abrir com eles, bem como refletir, aprender e fazer sessões de *brainstorming* (sem revelar informações confidenciais da sua empresa, é claro!). Você pode conhecer líderes de todo tipo em eventos de networking organizados na sua área por entidades como Lions, Rotary, câmaras de comércio, associações industriais e outros clubes privados (como o clube de golfe local).

A solidão não está restrita a líderes
Em nosso mundo guiado pela tecnologia, muitos de nós se sentem cada vez mais isolados por depender cada vez mais de e-mails, mensagens e videoconferências e menos de interações face a face. Assim como monitorar seu próprio sentimento de solidão, fique sempre de olho em membros da sua própria equipe que possam estar se sentindo solitários e deslocados, talvez oferecendo-se para acompanhá-los durante um café ou almoço.

TOME AS DECISÕES CORRETAS

> *"Sua jornada na liderança vai ser construída ou demolida por suas principais decisões e escolhas."*

Tomar decisões é uma habilidade muito importante porque pode significar o sucesso ou o desastre no futuro da empresa ou da carreira.

Infelizmente, não existe uma receita mágica para garantir que todas as decisões que você tomar serão perfeitas. Conforme acompanha e lê sobre os líderes de algumas das empresas de maior sucesso do mundo, como Apple, Facebook, Alibaba, Samsung e Airbnb, você logo vai aprender que eles tomaram decisões incrivelmente inteligentes, assim como algumas bem ruins. Às vezes, o efeito de uma má decisão pode ser visível somente para algumas pessoas em âmbito interno, mas às vezes decisões ruins de liderança podem ter um impacto tão grande que a organização chega às manchetes mundiais:

- Durante a crise financeira de 2007-2008, algumas das maiores instituições financeiras do mundo foram à falência quando o banco de investimentos Lehman Brothers fechou as portas;
- O derramamento de petróleo da plataforma Deepwater Horizon em 2010 custou a reputação da British Petroleum, além de bilhões em indenizações;
- Em 2019, a Boeing precisou gastar bilhões de dólares em indenizações devido à proibição de circulação aérea que afetou todos os aviões 737 Max;
- Marcas anteriormente renomadas em todo o planeta, como Blockbuster, Kodak, Toys R Us e Borders, encerraram suas atividades.

Mesmo que você trabalhe em uma organização pequena, em que o impacto financeiro de uma decisão ruim seja de meros milhares de reais, ainda assim é preciso evitar esse tipo de erro se quiser ser visto como um líder de sucesso e manter seu emprego. O segredo é se tornar um especialista na tomada de decisões e minimizar o risco de tomar alguma atitude capaz de destruir sua empresa ou sua carreira.

ENTRE EM AÇÃO

Envolva as pessoas certas
Não enfrente uma decisão sozinho; sempre envolva outras pessoas. Busque ajuda de quem tem mais experiência dentro da equipe, entre os colegas de trabalho, bem como outros *stakeholders* e especialistas no assunto. Peça que avaliem e o desafiem com relação a seu entendimento, modo de pensar e hipóteses. É sempre melhor ter alguns debates e discussões difíceis antes de tomar a decisão certa do que tomar rapidamente uma decisão que se mostra errada.

Use as ferramentas certas (para tomada de decisão)
Trabalhe com a equipe de modo a analisar todos os aspectos de uma decisão, incluindo fatos relevantes, hipóteses, riscos e impactos. Aprenda e use esquemas, modelos e processos de tomada de decisão. Seus colegas podem ensiná-lo a usar alguns dos mais conhecidos e que são relativamente fáceis de entender, tais como:
- Modelos de análise *swot* e *pest*;
- Cálculos de custo de oportunidade;
- Análises de custo-benefício e de pontuação ponderada;
- Árvores e matrizes de decisão;
- Diagramas espinha de peixe para causa e efeito;
- Cálculos de Valor Presente Líquido (*Net Present Value* — NPV) e *payback*.

Qual é a pior coisa que poderia acontecer?
Nunca tome uma decisão até entender seus impactos negativos. Pergunte a si mesmo se a organização é capaz de enfrentar o choque, caso o pior aconteça. Às vezes, você pode descobrir que os riscos de uma decisão são maiores do que os benefícios. Em casos assim, tenha a humildade e a coragem de considerar a possibilidade de alterar ou cancelar uma decisão planejada. É melhor passar por um leve constrangimento hoje do que ser demitido posteriormente por tomar uma decisão que se mostrou custosa demais.

66

EXERÇA A FUNÇÃO DE PACIFICADOR

> "A sua liderança só é verdadeiramente testada quando as nuvens de tempestade se acumulam e os mares ficam turbulentos."

Quando se trabalha com outras pessoas, é raro estar alinhado e em harmonia o tempo todo, com todo mundo e sobre todos os assuntos. Sempre há momentos de tensão, discussão e conflitos dentro de qualquer equipe ou organização. Por exemplo:
- Mal-entendidos sobre o que alguém disse ou fez;
- Tensões entre colegas de trabalho que brigam pelo mesmo tempo, atenção ou recursos;
- Chefes de departamento acusam uns aos outros de mentir sobre quem concordou em assumir a responsabilidade por resolver uma questão;
- Discordâncias sobre como encarar um problema ou alcançar um objetivo;
- Os egos de membros da equipe entram em conflito sobre quem tem a melhor ideia ou quem deve liderar uma discussão;
- Inveja com relação a quem recebeu o reconhecimento por um projeto concluído;
- Colegas que cortam relações depois que alguém ficou ofendido com comentários verbalizados;
- O chefe que quebra a promessa de promover um dos membros da equipe, promovendo outra pessoa — e deixando irritado o funcionário em questão.

A maneira pela qual você reage nesses cenários mede a sua maturidade e sabedoria na liderança. Uma quantidade enorme de líderes piora os problemas quando são parte do conflito ou quando se envolvem e escolhem um lado — ou mesmo quando não fazem ideia de que o problema existe ou decidem evitá-lo. Ao piorar um conflito, um líder pode transformar até mesmo questões pequenas em um confronto que venha a ter impactos devastadores na produtividade, colaboração e motivação de uma equipe. Líderes de sucesso fazem o contrário: nunca decidem criar conflitos ou piorar aqueles que já surgiram; se for possível, evitam.

ENTRE EM AÇÃO

Fareje os conflitos potenciais
Fique sempre atento a situações em que irritações, discussões, mal-entendidos ou discordâncias possam surgir. Quando sentir que um problema pode estar ganhando força, reúna o pessoal e estabeleça discussões francas. Peça às partes envolvidas que:
- Lembrem-se do seu propósito, visão, objetivos e sucessos coletivos, em vez de se concentrarem só em áreas de potenciais diferenças;
- Conversem juntos continuamente, enfrentando as diferenças conforme aparecem, e com você no papel de mediador, se necessário.

Apague os incêndios já em curso
Se o conflito já começou, aja rápido a fim de eliminar quaisquer emoções e sentimentos indesejados. E ajude a resolver o problema, encorajando todas as partes envolvidas a:
- Parar e compartilhar sentimentos, mágoas e preocupações com você, de forma particular. Em seguida, reúna todas as partes envolvidas na mesma sala (ou por meio de uma videoconferência), permitindo que todos os lados ouçam as visões uns dos outros;
- Guie a conversa conforme o necessário para garantir que todas as opiniões necessárias sejam verbalizadas e que ninguém fique em silêncio quando você sabe que determinada pessoa tem algo a dizer;
- Encontre pontos de concordância e busque um entendimento aceitável para todos os lados.

Durante tais discussões, varie seu estilo de liderança conforme o necessário, desde ser muito firme e diretivo até dar um passo atrás e permitir que as partes envolvidas encontrem seu próprio consenso e modo de seguir adiante, se isso der a impressão de que pode produzir resultados positivos.

Permita que conflitos saudáveis aconteçam
Às vezes, os colegas precisam colocar suas diferenças às claras e ter momentos de discordância. Todas as organizações de sucesso reconhecem tal fato e alimentam uma cultura de discordância saudável e produtiva. Apenas certifique-se de seguir o conselho descrito neste capítulo de modo a impedir que discussões do tipo se transformem em conflitos negativos, tensos e carregados emocionalmente.

67

EXPLIQUE AS RESPONSABILIDADES COM CLAREZA

> *"Um líder excelente nunca age como se fosse uma frigideira antiaderente."*

É possível identificar um líder fraco pela sua habilidade em colocar a culpa em outras pessoas quando confrontado com erros, mal-entendidos, metas não alcançadas e outras questões relacionadas ao mau desempenho.

Uma pessoa assim pode se tornar especialista em "lavar as mãos" e não assumir responsabilidade ou prestação de contas, mesmo quando fica óbvio para todos que ela é encarregada das tarefas e dos objetivos relevantes. Você nunca terá sucesso se agir dessa maneira, e cedo ou tarde será exposto por se esquivar das responsabilidades de um líder. Pode até mesmo ser demitido, dependendo da situação.

Uma liderança de sucesso envolve fazer as coisas acontecerem, ou seja, pensar em ações e maneiras de buscar melhores resultados, implementando mudanças e alcançando objetivos. Para fazer essas coisas, você deve ser sistemático ao determinar e delegar responsabilidades, incluindo para si, para ter certeza de que todo mundo entende exatamente quem é:

- O Responsável por uma tarefa específica ou parte do trabalho. Pode ser um indivíduo ou um grupo, e pode incluir o líder;
- A Autoridade encarregada de completar esse trabalho. Como líder, você provavelmente é a pessoa que tem a maior autoridade e responsabilidade sobre isso. Conforme vai conquistando cargos mais elevados na hierarquia, os líderes que estão abaixo de você se tornam a autoridade responsável pelo trabalho das respectivas equipes, mas você continua sendo a principal autoridade sobre todas as outras;

- O encarregado de dar Suporte e/ou ser Consultado para ajudar a completar a tarefa. Normalmente, essas pessoas (ou pessoa) são (é) responsáveis (responsável) apenas pela qualidade do apoio ou dos conselhos que dão (dá);
- Que precisa ser informado sobre o trabalho e normalmente não tem responsabilidade sobre ele.

Conhecido como o modelo "RASCI", esta metodologia facilita que qualquer líder e sua respectiva equipe entenda, aceite e se concentre nas tarefas e nos objetivos pelos quais sejam responsáveis e sobre os quais tenham de prestar contas.

ENTRE EM AÇÃO

Anuncie quem é responsável
- Crie sua própria versão do modelo "RASCI", transformando-o em uma tabela com os nomes das pessoas responsáveis, assim como aqueles que devem prestar contas sobre determinadas tarefas;
- Faça discussões e sessões de *brainstorming*, se necessário, para chegar a um consenso sobre quem é responsável e deve prestar contas por quais tarefas e objetivos;
- Apoie, motive e encoraje os membros da equipe a assumirem responsabilidade pessoal e a prestarem contas. Se necessário, seja enérgico e dê a palavra final ao determinar quem vai fazer o quê;
- Explique com muita clareza quaisquer responsabilidades compartilhadas e garanta que aqueles que as compartilham, incluindo você, estejam alinhados e sejam capazes de trabalhar de modo colaborativo.

Aja como um modelo a ser seguido
Seja um modelo digno de se seguir, demonstrando entusiasmo e motivando-se a assumir a responsabilidade integral pelo trabalho de toda a sua equipe, assim como por quaisquer tarefas que executar pessoalmente.

Demonstre que os fracassos da equipe também são seus
Nunca cometa o erro de passar tarefas à equipe e depois culpá-la por mau desempenho ou erros, e pensar que isso o absolve de qualquer

culpa. Você sempre é responsável pelo trabalho da sua equipe. Isso é uma função fundamental de liderança. Desafie-a e apoie-a para que complete o trabalho por conta própria, mas nunca "lave as mãos" quando ela tem dificuldades ou fracassa.

TENHA UM ESPÍRITO EMPREENDEDOR

| *"Você faria a mesma coisa na sua própria empresa?"*

Quando se é um líder que trabalha para uma empresa que não é sua, é possível tomar decisões sem precisar encarar a totalidade das suas consequências. O pior que pode acontecer é tomar decisões ruins e ser demitido. Entretanto, quando você é o líder e o empreendedor ao mesmo tempo, as decisões descuidadas podem deixá-lo falido se a empresa quebrar e suas ações perderem o valor.

Empreendedores sabem que cada decisão que tomam apresenta riscos muito altos comparados aos de um líder que trabalha para uma grande corporação e simplesmente gasta ou investe o dinheiro da empresa. Por este motivo, empreendedores de sucesso têm competências e atributos valiosos com os quais você pode aprender:

- Eles pensam de modo profundo sobre as escolhas e decisões com que se deparam, considerando que seu próprio dinheiro está sempre em risco;
- Aprimoraram a intuição e os instintos para complementar habilidades analíticas e intelectuais, com isso ganham uma vantagem extra;
- Nutrem forte paixão pela empresa que criaram, tornando-se líderes muito inspiradores, energéticos e carismáticos;
- São extremamente criativos, adoram pensar fora da caixa e sempre tomam iniciativa na busca de grandes ideias e soluções;
- Têm a habilidade de motivar e encorajar outras pessoas a se juntarem a eles em suas jornadas pelo mundo das startups.

Pode ser que você jamais deseje colocar seu capital em risco ao se tornar empreendedor, mas aderir a algumas dessas características de sucesso pode ajudá-lo a ganhar vantagens.

ENTRE EM AÇÃO

Pense e aja como empreendedor
Sempre que estiver diante de um problema, dilema ou decisão e não tiver certeza de qual opção deve escolher, pergunte a si mesmo: "Qual opção eu escolheria se essa empresa fosse minha e o meu dinheiro estivesse em jogo?" Ter a mentalidade de dono lhe fornece uma percepção ampliada e pode fazer com que pense melhor em uma decisão sobre a qual a maioria dos outros líderes pode passar rápido demais ou até mesmo evitar completamente. Com um mindset empreendedor, você pode:
- Decidir se um funcionário com desempenho ruim deve ser demitido agora, em vez de mantê-lo na equipe e continuar pagando seu salário na esperança de que venha a melhorar;
- Conferir mais de uma vez os retornos previstos em planos de gastos de capital para saber se são mesmo viáveis ou se a sua equipe está sendo demasiado otimista nos cálculos;
- Avaliar se um fornecedor com o qual você já trabalha há tempos está ficando acomodado e deixando de agregar o valor prometido, e pedir à equipe que procure alternativas com melhor custo-benefício.

Além de pensar mais profundamente, duas outras qualidades empreendedoras incluem:
- Ser passional e entusiasmado com relação aos seus objetivos, planos e carga horária, além de visualizar as responsabilidades do trabalho como algo que você decide fazer como se fosse seu próprio chefe;
- Empolgar-se e ter vontade de melhorar e otimizar todos os aspectos do trabalho e da empresa, trazendo intuição, criatividade e inovação para tudo que faz.

Encoraje outras pessoas a pensarem como empreendedores
Quando começar a agir de maneira mais empreendedora, sua equipe pode gostar da sua empolgação e paixão recém-descobertas. Do mesmo modo, os colaboradores podem ficar surpresos por você agir com mais cautela e detalhar cada decisão, previsão e plano que lhe apresentam. Explique por que tem agido assim e os estimule a adotar também uma mentalidade de dono quando tiverem de tomar as próprias decisões.

69

PENSE GLOBALMENTE

> *"Nenhum líder tem sucesso quando é uma ilha, isolado do restante do mundo."*

O mundo está muito interconectado virtualmente com todos os aspectos da vida e dos negócios ficando mais globalizados a cada ano. Hoje em dia é impossível ser líder e viver em uma cidade ou região e ignorar o restante do mundo. Thomas Friedman, colunista do *The New York Times*, apresentou essa ideia em seu livro apropriadamente intitulado *O mundo é plano*, e hoje em dia todas as partes de uma empresa parecem ter conexões com outras partes do mundo:

- Grifes europeias vendem roupas criadas na Itália, que são produzidas em Bangladesh com tecidos da China, zíperes do Japão e botões da Índia;
- Empresas dos Estados Unidos têm suas centrais de atendimento ao cliente e seus departamentos de suporte e *back office* em lugares como Índia, México ou Filipinas, atendendo a clientes e recebendo chamadas advindas de todos os cantos do planeta;
- Sentar-se no sofá da sua sala de estar em Manchester ou Chicago e fazer praticamente qualquer coisa de qualquer lugar do mundo, graças a uma infinidade de sites de alcance internacional;
- Gôndolas de supermercado em qualquer cidade estocadas com produtos de todos os países imagináveis;
- Quando você olha para cada produto, descobre quanto são globais. Para dar um exemplo: os aviões da Airbus são montados na França, mas suas peças são produzidas em muitos países, incluindo as asas que são construídas no País de Gales, no Reino Unido.

Líderes de sucesso entendem que até mesmo os supermercados e empresas de pequeno porte estão se tornando mais globais e buscam ativamente aprender e aproveitar essa globalização.

ENTRE EM AÇÃO

Lidere localmente, pense globalmente
Nem todo mundo tem o desejo de se tornar um líder global no comando de uma empresa que atua em todo o mundo. Você pode ser igualmente bem-sucedido se liderar uma empresa que se concentra em servir somente uma área ou comunidade, com excelentes relacionamentos com clientes, fornecedores e funcionários locais. Mas a sua empresa local, sediada em Edimburgo, Detroit ou Toronto, corre o risco de deixar de aproveitar grandes ideias e oportunidades se você fechar os olhos para o que acontece em outros lugares.

Se já não estiver fazendo isso, adquira uma perspectiva mais global, começando com os pequenos passos a seguir:
- Participe de eventos e feiras relacionados ao setor de atuação, que acontecem tanto no seu país como no exterior, para aprender sobre o que os seus concorrentes locais e mundiais estão fazendo, e como os produtos e serviços têm evoluído;
- Cogite buscar materiais, produtos e serviços que venham de novos locais;
- Encontre um distribuidor ou revendedor em um mercado estrangeiro para testar quanto os consumidores de fora podem ser atraentes e valiosos;
- Divulgue e venda produtos e serviços on-line em um mercado global;
- Esteja aberto a contratar funcionários com experiência de trabalho e vivência em outras partes do mundo;
- Leia bastante, tanto sobre a sua área de atuação como de maneira mais abrangente, sobre tendências e ideias globais de negócios.

Decida criar uma rede global de contatos
Envolva-se em redes de contatos e de indicações internacionais. Você vai aprender muito ao passar tempo com líderes de todos os cantos do planeta. Eles irão trazer diferentes insights e também vão lhe prover uma rede de contatos e novos amigos no ramo empresarial, que podem apoiar e ajudar quaisquer planos internacionais de expansão ou de busca de fornecedores no exterior.

70

LIDE COM IMPREVISTOS

> *"Às vezes, os líderes precisam se contorcer e se retorcer como cobras a fim de enfrentar o inesperado."*

Os melhores planos muitas vezes se transformam em fumaça, não é? Como líder, você precisa lidar de maneira competente com as consequências de quaisquer mudanças inesperadas:

- Um membro importante da equipe, treinado e capacitado para ser seu sucessor, pede demissão subitamente, deixando você com uma carga de trabalho enorme e a dor de cabeça de ter de encontrar um substituto;
- Sua chefe fica gravemente doente e você precisa assumir as tarefas dela, além de responder por um tempo a um superior que você não conhece muito bem;
- A equipe lhe informa que seu maior cliente vai passar a fazer negócios com um fornecedor mais barato, deixando um buraco enorme na sua projeção de vendas;
- Seu notebook para de funcionar logo no início de uma apresentação em uma reunião administrativa global e você precisa continuar sem os slides e vídeos que havia preparado;
- Perto do fim do prazo, solicitam que você recalcule os valores da previsão orçamentária do departamento, incorporando uma redução de custos de 10%.

Ao se deparar com todo tipo de mudanças inesperadas, uma quantidade imensa de líderes entra em pânico, fica estressada e começa a reclamar. O pior de tudo é que pode até mesmo ignorar a situação e agir como se nada tivesse acontecido.

Bons líderes, por sua vez, dominam a arte de ter sucesso mesmo quando seus melhores planos se transformam em fumaça. Você precisa aprender a aplicar isso quando seus planos forem frustrados.

Normalmente, líderes de sucesso demonstram flexibilidade, agilidade, resiliência e solidez mental. E conseguem entender e processar com rapidez as mudanças em tempo real, ajustando os seus planos para garantir o melhor resultado possível.

ENTRE EM AÇÃO

Seja adaptável e ágil
Eventos inesperados nunca devem deixar você paralisado ou forçá-lo a desistir. Ao encarar um obstáculo, atraso ou evento imprevisto, siga estas quatro sugestões:
- Observe a si mesmo e mantenha qualquer reação emocional, quaisquer sentimentos de decepção e qualquer irritação sob controle;
- Concentre-se positivamente no problema à sua frente, decidindo com agilidade se deve aplicar mudanças imediatas ou se há mais tempo para reagir. De qualquer forma, reaja da melhor maneira ao evento, notícia ou obstáculo inesperado;
- Explore as informações disponíveis e decida se é necessário priorizar mais uma vez o que deve ser feito, assim como criar um plano de ação com um cronograma nítido;
- Implemente e comunique quaisquer mudanças necessárias com uma atitude mental positiva, ajustando o foco de tempo e a atenção como for necessário para garantir que as contingências voltem ao normal.

Traga sua equipe para perto
- Não permita que a equipe fique nas trincheiras das tarefas que está executando, sem querer se ajustar e mudar conforme necessário;
- Envolva-os, tanto no entendimento do que aconteceu como na elaboração de uma resposta;
- As pessoas não são idiotas. Nunca presuma que você deve esconder quaisquer notícias ruins da equipe ou deixá-la no escuro sobre como vai precisar se adaptar;
- Dê cuidado e atenção extra aos membros do time. Isso vai ajudá-los a lidar com quaisquer mudanças inesperadas que venham a ocorrer.

CONTEMPLE O FUTURO

> *"O ontem e o hoje não conseguem prever com nitidez o que vai acontecer amanhã."*

Líderes de sucesso sempre usam parte do tempo para olhar além do que acontece hoje. São como grão-mestres do xadrez que aprimoraram as habilidades e a capacidade de prever o futuro a fim de visualizar muitos dos movimentos possíveis em suas partidas.

Idealizar o futuro não é mais uma atividade opcional para um grande líder, e sim tornou-se competência essencial de liderança, já que o mundo está em um fluxo constante de crescimento. Pense em como vai ser o mundo que você lidera daqui a alguns anos. Pode ser muito diferente de hoje, graças às inúmeras mudanças trazidas pela tecnologia que impactam o nosso dia a dia inconstante, incerto, complexo e ambíguo. Sua própria sobrevivência como líder depende do talento estratégico e das previsões que fizer, assim como da sua capacidade de ajustar a visão e os objetivos conforme necessário. Há três áreas importantes e interligadas nas quais você precisa prestar atenção:

- Assegure-se de que a sua empresa e seus produtos e serviços ainda serão relevantes e valorizados nos próximos anos, fazendo com que as ofertas existentes evoluam e criando novas oportunidades para atender às mudanças de um mercado que se transforma;
- Entenda e prepare-se para aproveitar tendências, talentos, regulamentações e maneiras de trabalhar com a tecnologia para garantir que sistemas, procedimentos e uso de recursos da empresa continuem otimizados e sendo suas melhores práticas;
- Ajude a si mesmo e os membros da equipe em prol de descobrir e entender quais competências, mindsets, qualificações educacionais e experiências de trabalho precisam ser atualizadas de modo que vocês continuem sendo valorizados e requisitados como líderes e funcionários.

ENTRE EM AÇÃO

Descubra onde aprender
- Leia artigos e pesquisas que exploram tendências futuras e cenários possíveis que afetam diferentes áreas de atuação e aspectos da vida profissional;
- Participe regularmente de congressos e feiras relevantes ao setor ou à área em que você trabalha e/ou à sua área de expertise profissional e interesses;
- Explore cursos de treinamento on-line ou presenciais que se concentram em assuntos como o futuro do trabalho ou o impacto das tecnologias no ambiente de trabalho. Você pode também procurar conteúdos focados na sua área, setor ou cargo, tais como cursos sobre o futuro dos serviços financeiros ou relacionados à manufatura. Há cursos abertos e gratuitos disponíveis na internet;
- Você também pode explorar a possibilidade de receber treinamento e certificação oficiais sobre como explorar o futuro com organizações como The Futurist Institute (www.futuristinstitute.org).

Uma palavra de precaução: nunca acredite cegamente em tudo o que ouve ou lê, porque ninguém é capaz de prever o futuro com 100% de precisão. Simplesmente absorva as ideias e os insights que receber para ajudá-lo a formar e a evoluir seu próprio conhecimento, perspectivas, sentimentos e opiniões.

Organize sessões de *brainstorming*
- Envolva-se na atualização e revisão da visão da sua empresa, em sua direção futura e nos planos estratégicos;
- Ajude a equipe a fazer sessões de *brainstorming* regulares sobre competências, conhecimentos e experiências que precisam para continuarem relevantes e empregáveis;
- Encoraje seus colegas de RH a procurar e organizar cursos e treinamentos sobre habilidades importantes para a sua equipe no futuro;
- Mantenha-se atento a quaisquer mudanças de expectativas e problemas com relação à liderança.

72

ESCOLHA COM CUIDADO OS MODELOS QUE VAI SEGUIR

> *"Observe as pessoas que inspiram e impressionam você. Depois, mostre suas qualidades positivas, mas somente essas. Ninguém é perfeito."*

Muitos líderes aprendem com os modelos errados só porque acreditam e copiam outros líderes sem se darem conta do que estão fazendo. Esse padrão de imitação imperceptível começa na infância, quando copiamos instintivamente os nossos pais. Esse mesmo hábito continua a existir quando somos adultos. Você pode testemunhar isso quando as pessoas se encontram e uma delas cruza os braços e as pernas. As outras pessoas fazem a mesma coisa sem perceber. Há também uma forte probabilidade de que os primeiros colegas e chefes que você teve na vida se tornem inconscientemente os modelos que você copia, porque não teve mais ninguém a quem observar e aprender.

Líderes de sucesso param de depender dessas imitações inconscientes e automáticas com relação àqueles com quem trabalham ou que admiram, e escolhem deliberadamente seus modelos que querem seguir. Além disso, quando escolhem um modelo, nunca copiam todos os aspectos do estilo do líder em questão, porque nenhum é perfeito. Em vez disso, apenas repetem comportamentos e hábitos positivos e evitam as fraquezas do modelo escolhido:

- Um líder muito visionário pode encontrar problemas para controlar a raiva, além de pouca tolerância com relação a certas pessoas ou comportamentos;
- Um líder cuja capacidade de tomar decisões é incrível ao escolher oportunidades de sucessos nos negócios, mas carece de competências para desenvolver e cultivar uma equipe de alto desempenho;

- Um líder que sempre excede as expectativas, fazendo com que seus subordinados alcancem seus "KPIs" talvez não saiba como escutar, inspirar e orientar pessoas.

ENTRE EM AÇÃO

Escolha modelos a serem seguidos com sabedoria

Decida quais líderes têm qualidades que você gostaria de copiar e com quem gostaria de aprender, e quais líderes você jamais gostaria de imitar mesmo que fosse sua última opção. Esses últimos são conhecidos como modelos negativos. É possível aprender lições importantes com eles em termos de como não ser um líder.

Se você não sabe ao certo quem são seus modelos, dedique algum tempo para descobrir, lendo e informando-se sobre todos os tipos de líderes por meio de livros, artigos, podcasts e eventos, além de dentro da sua própria organização. Você prefere aprender com líderes de sucesso que tenham um passado ou experiências parecidas com a sua, tais como ser homem ou mulher, ou com um determinado antecedente étnico, profissional ou educacional?

Mude as pessoas que lhe servem de inspiração com o passar do tempo, alinhando-as com o seu próprio crescimento como líder. Os modelos ideais quando você lidera uma equipe pequena de vendas ou desenvolvimento de software serão bem diferentes daqueles que você precisa quando for indicado para ser o diretor administrativo de uma empresa inteira.

Maximize o que você aprende com os modelos

- Leia biografias e outros materiais que eles tenham escrito;
- Se o modelo a ser seguido é um colega de trabalho ou um amigo da família, você ganhou na loteria, porque é fácil de conversar pessoalmente e até mesmo perguntar se ele estaria disposto a ser seu coach ou mentor;
- Se os seus modelos estão muito longe ou se você não os conhece pessoalmente, considere se conectar com eles (via linkedin.com) para fazer perguntas específicas;
- Mantenha um diário com anotações sobre o que aprende com os modelos e suas próprias tentativas de copiar alguns dos seus melhores hábitos e comportamentos, enquanto evita os piores.

73

DESÇA DO SALTO

> *"Nelson Mandela nos deixou uma lição importante: sempre perdoe as pessoas, mesmo quando isso parece impossível."*

A maioria das pessoas é intolerante e se recusa a perdoar um colega que fez algo que desagradou. Muitos líderes agem da mesma maneira e não estão dispostos a se desapegar do ocorrido, buscar uma reconciliação e seguir em frente. Em vez disso, preferem se concentrar em seus sentimentos negativos e falar sobre como foram prejudicados.

O problema de não perdoar alguém é que você é quem sofre, e não a outra pessoa. É você que acumula sentimentos negativos em relação ao indivíduo, e esse ressentimento pode torná-lo um líder excessivamente crítico, amargo e negativo. Não é surpresa que agir da maneira oposta — sendo um líder benevolente — pode ajudá-lo a liderar bem e também criar um ambiente profissional melhor. Em 2017, em um estudo publicado no *Journal of Management and Organization*, os autores concluíram que ser um líder benevolente ajuda você e sua equipe a interagirem e colaborarem melhor. Isso faz sentido e já observei tal situação no meu trabalho de coaching, percebendo que líderes mais benevolentes:

- Incentivam as pessoas a assumir mais riscos, cometer erros e falar sem medo;
- Ajudam aqueles com quem trabalham a serem mais compreensivos e benevolentes;
- Criam um ambiente de trabalho mais motivador, compassivo e positivo.

Líderes de sucesso entendem todos esses benefícios e sempre se esforçam para perdoar outras pessoas, além de si mesmos. Não esquecem o que aconteceu, mas decidem não carregar mais aqueles sentimentos negativos dentro de si. Em vez disso, tomam uma decisão consciente de continuar seguindo em frente.

ENTRE EM AÇÃO

Entenda quanto você está sendo intolerante
Reconheça as ocasiões em que não está disposto a perdoar. Descubra seus padrões, reflita sobre eles e observe quando você estiver:
- Guardando rancor ou retaliando alguém;
- Sentindo-se maltratado, ignorado ou magoado;
- Afastando alguém por ter cometido um erro;
- Irritado por alguém ter feito alguma coisa;
- Ensinando uma lição a alguém ao se recusar a fazer as pazes depois de uma discussão;
- Recusando-se a aceitar um pedido de desculpas;
- Ignorando as tentativas de alguém que tenta reparar o que disse ou fez.

Esforce-se para perdoar de modo genuíno
- Decida se quer mesmo se tornar uma pessoa mais benevolente. Se você tem um ego muito grande, pode ser necessário fazer um esforço extra para perdoar, superar o que aconteceu e seguir em frente. Quando se sentir dividido entre se manter implacável ou perdoar, converse com algum colega mais próximo que possa ajudá-lo a enxergar a razão e também a perdoar;
- Decida se quer escrever um bilhete ou e-mail para explicar percepções e sentimentos ou encontrar a pessoa em questão frente a frente no escritório, em uma sala de reuniões ou durante um almoço;
- Seu perdão não mudaria o passado e também não o faria desaparecer, mas permitiria que você e o seu colaborador seguissem em frente da melhor maneira possível, sem excesso de bagagem negativa entre ambos;
- As pessoas raramente estão 100% certas, e o seu desafio talvez envolva não só perdoar, mas também pedir desculpas e dizer que se arrepende pelo que fez ou disse durante uma discussão, um mal-entendido ou pela sua reação.

Lembre-se de perdoar a si mesmo
Lembre-se de que você pode precisar perdoar a si mesmo e parar de se punir por coisas erradas que talvez tenha feito no passado.

74

ENCARE AS TEMPESTADES COM CORAGEM

> *"Nunca perca a compostura e o foco, mesmo quando estiver passando por um furacão com máxima capacidade destrutiva."*

Se isso ainda não aconteceu, você vai se deparar com todos os tipos de crise durante seu tempo como líder, que podem impactar metas de lucro, planos, projetos, carreiras, reputações ou até mesmo o sustento e a vida das pessoas. A maneira como reage e lidera durante esses momentos críticos pode fazer sua carreira em liderança decolar ou naufragar. Você precisa estar pronto para enfrentar muito bem qualquer crise, não importa como ela tenha ocorrido:

Causada por eventos fora do seu controle	Causada por eventos sob o seu controle
• Desastres climáticos que podem causar uma inundação na sua fábrica de componentes eletrônicos, interrompendo a produção por tempo indefinido.	• Um incêndio mortífero na sua fábrica de produtos químicos causado por fiação velha e acúmulo de papéis, problemas de cuja existência você já estava ciente.
• Sanções econômicas impostas sobre o seu principal mercado de exportações, fazendo com que sua receita de vendas caia 25%.	• Um produto inédito que não passou por testes adequados explode ao ser usado por novos clientes, resultando em um *recall* mundial.

Um dos maiores pesadelos de lideranças é encarar uma crise que você podia ter evitado, mas permitiu que crescesse ou até mesmo saísse do controle porque reagiu da maneira errada, tomou decisões ruins ou não conseguiu compreender e escutar bem. Um erro pior é tentar esconder ou minimizar o problema, sabendo que a culpa é da sua organização. Vemos muitos exemplos dessas tentativas de mascarar a verdade:

- Uma empresa petrolífera demora a revelar que um grande vazamento de óleo no mar está acontecendo, pois sabe que tem culpa pelo desastre, e sua demora em revelá-lo cria uma tragédia ambiental ainda maior, com um custo financeiro muito mais expressivo;
- Um fabricante de aviões reluta em admitir que uma de suas aeronaves está voando com um problema técnico catastrófico que já era conhecido. O atraso nessa admissão piora ainda mais os danos para a imagem da empresa e o impacto financeiro.

Líderes de sucesso evitam esses erros de liderança, praticando um gerenciamento de crise de alta qualidade para minimizar os impactos negativos de qualquer problema possível.

ENTRE EM AÇÃO

Domine as principais habilidades de gerenciamento de crises
É essencial que suas respostas e ações durante uma situação de conflito não piorem uma situação já difícil para você e seus colegas.

Seja calmo, honesto e aberto
Permaneça firme e equilibrado, mesmo quando as pessoas à sua volta estiverem entrando em pânico, chorando, agindo em função do medo ou da ansiedade. Quando precisar se acalmar, sente-se, feche os olhos e respire fundo, devagar. Faça uma pausa antes de dizer ou fazer qualquer coisa e certifique-se de que sua mensagem ou ação será útil, e não só uma ação por reflexo em relação ao problema, um comportamento defensivo ou a tentativa de esconder alguma coisa.

Avalie e aja de modo decisivo
Crie uma equipe de gerenciamento de crises composta por colegas com diferentes competências e que, juntos, formem um grupo forte para

ajudar a resolver o problema. Trabalhem juntos para avaliar o que está acontecendo e entender as razões por trás da situação. Decidam quais ações com efeito a curto prazo precisam acontecer agora, tais como redigir um comunicado inicial à imprensa, informar os acionistas da companhia ou dar apoio emergencial a quem foi prejudicado.

Trate a crise com a mesma seriedade com a qual você encararia um projeto importante no trabalho — um planejamento detalhado, definir quais *stakeholders* serão envolvidos e identificar ações, recursos, cronogramas e comunicação necessários.

Mantenha os stakeholders informados
Haverá pessoas diferentes envolvidas com cada problema, e cada uma delas terá sua própria percepção sobre a crise e expectativas sobre como ela pode ser resolvida. Comunique-se regularmente com todas as partes, mantendo todos bem informados, e nunca minta, oculte informações ou fique em silêncio. Compartilhe planos e compromissos com a equipe e os colaboradores, incluindo sua visão sobre como liderar o grupo ou a organização durante a crise e no período posterior.

75

VALORIZE A DIVERSIDADE E A INCLUSÃO

| *"Discriminamos certas pessoas sem perceber."*

A diversidade é um assunto que está sendo muito falado há alguns anos. Quando se trata do ambiente profissional, estamos falando de pessoas bem informadas, treinadas e apoiadas para que jamais discriminem conscientemente, demonstrem qualquer viés ou tratem alguém de maneira diferente apenas por serem quem são.

Somos estimulados a criar equipes balanceadas em termos de gênero, dar oportunidades iguais a todos, contratar e promover pessoas que tenham origens menos favorecidas ou sub-representadas.

Você pode ter orgulho de ser sempre consciente com relação às questões de diversidade, mas a maioria das suas decisões e escolhas é feita pelo seu inconsciente.

Eric Kandel, cientista vencedor do prêmio Nobel, acredita que praticamente todo o nosso pensamento se esconde de nós dessa maneira. Isso não seria um problema se nosso inconsciente sempre tomasse boas decisões e fizesse as melhores escolhas por nós. Mas, infelizmente, na maior parte do tempo, nosso cérebro faz avaliações tendenciosas em frações de segundo e julga pessoas e situações, influenciado por histórico de vida, experiências pessoais, culturas e aquilo que nos traz mais conforto. Graças a esses pensamentos, todos exibimos o que chamamos de vieses inconscientes:

- Sentimo-nos atraídos por pessoas que se parecem, agem e falam como nós, ao mesmo tempo que vemos pessoas mais altas e em melhor forma física como aquelas que têm mais autoridade e merecem mais respeito;
- Favorecemos candidatos a emprego que tenham certos antecedentes profissionais e acadêmicos que combinam com os nossos;

- Em reuniões, as mulheres são frequentemente ignoradas, interrompidas enquanto falam e seus comentários não são valorizados quando comparados aos dos homens;
- Quando uma mulher age de acordo com o que é esperado de um homem, pode ser acusada de ter um estilo agressivo demais, enquanto um homem que age da mesma maneira pode ser visto como alguém com excelente estilo de liderança;
- Somos influenciados pelo nome de uma pessoa e nos sentimos atraídos por aqueles com quem temos mais familiaridade. É por isso que algumas empresas removem os nomes dos candidatos de seus currículos antes de repassá-los para os entrevistadores.

Para agir com mais sucesso enquanto líder, é hora de parar de tomar decisões baseadas no inconsciente, que podem ser prejudiciais e, com frequência, inaceitáveis.

ENTRE EM AÇÃO

Entenda seus vieses
Comece compreendendo e reconhecendo quando você pode ser influenciado por comportamentos inconscientes:
- Faça o renomado Implicit Association Test da Universidade de Harvard. O teste mostra quais de suas percepções e ações individuais são determinadas pelos seus comportamentos inconscientes.
- Observe-se, notando quando pode estar tirando conclusões apressadas automaticamente ou fazendo suposições sobre pessoas diferentes com as quais interage.

Abra-se e diversifique sua maneira de enxergar o mundo de forma consciente
- Quando estiver em situações nas quais suas tendências sejam evidentes, pare e faça perguntas honestas a si mesmo, tais como: "Realmente prefiro essa candidata por causa da sua experiência profissional ou somente porque ela e eu estudamos na mesma universidade?";
- Ao conversar com alguém pela primeira vez, pergunte a si mesmo quais são suas primeiras impressões e reflita sobre quais dos

seus vieses podem ter ajudado a determinar a resposta. Decida se é uma boa conclusão e se você precisa abrir um pouco mais a mente;
• Sempre tente ampliar seu foco. Por exemplo, certifique-se de que as mulheres que participam das suas reuniões não sejam interrompidas enquanto falam ou que sejam ignoradas;
• Encoraje colegas para que entendam o que são comportamentos inconscientes e por que é tão ruim permitirmos que eles tomem decisões por nós;
• Leia sobre os diferentes tipos de vieses dos quais você pode ser culpado de ter.

76

LIDERE COM A LINGUAGEM CORPORAL

> *"Endireite a postura, sorria e mostre que está pronto para liderar."*

Sua comunicação não verbal é, no mínimo, tão importante quanto a verbal. Como resultado, não importa se as palavras que você escolheu são brilhantes — se a sua linguagem corporal conta uma história diferente para a plateia, não fique surpreso se a sua mensagem se perder:

- Você escreveu um discurso inspirador para ser feito em uma reunião na prefeitura, mas ele não vai causar o efeito desejado se encolher os ombros, usar roupas que não lhe servem, ficar olhando para o chão, esboçar uma expressão triste ou falar com a voz monótona;
- Você está fazendo uma apresentação interativa muito bem desenhada para impressionar um cliente em potencial. Mas isso não vai ter significado algum se o seu aperto de mão for fraco e frouxo, se os seus cadarços estiverem desamarrados, se balbuciar as palavras, mantiver os braços cruzados e demonstrar nervosismo ao agir.

Excelentes competências de comunicação não são simplesmente algo bom de se ter; são essenciais. Como líder, você é um embaixador. A maneira que as pessoas o veem e ouvem exerce impacto desproporcionalmente grande no sucesso da sua organização, assim como no sucesso da sua carreira em liderança. Líderes bem-sucedidos têm noção do impacto dos quatro aspectos da sua comunicação:

1. Verbal — O que você diz em termos de escolha de palavras.
2. Paraverbal — Como você diz o que diz, o que inclui seu tom de voz, volume e entonação.
3. Não verbal — Suas expressões faciais, contato visual e postura.
4. Aparência — Suas roupas, maquiagem e odor corporal.

ENTRE EM AÇÃO

Faça sua comunicação trabalhar a seu favor, não contra você
Desenvolva áreas da comunicação e invista o tempo e o esforço necessários para fortalecer os elementos que o ajudam ou atrapalham.

Verbal
Quando estiver se preparando para uma palestra ou discurso importante, planeje suas palavras antecipadamente e mostre-as a alguém que tenha competência em redação e esteja disposto a melhorar a sua primeira versão. Seja igualmente metódico antes de qualquer reunião, pensando em como vai moldar sua argumentação e destacar os pontos necessários.

Paraverbal
Faça um esforço constante para ter certeza de que aquilo que você quer dizer nunca seja enfraquecido ou obscurecido por distrações verbais, como usar muitas marcas de hesitação (tais como *hmmm* e *ah*...), fazer pausas longas, suspirar, gaguejar e soltar risadinhas inapropriadas.

Não verbal
Peça para alguém filmá-lo enquanto você faz uma palestra e, depois, ser honesto. Sua comunicação não verbal está trabalhando a seu favor ou contra você? Treine para superar erros típicos, como fazer caras e bocas estranhas, gestos esquisitos com as mãos, não ficar com a postura ereta de maneira tranquila e relaxada, exibir um semblante entristecido ou não olhar para as pessoas com quem está falando.

Aparência
Mostre-se de maneira adequada, com os cabelos penteados e sapatos limpos. Use roupas com as quais você se sinta confortável e que transmitam credibilidade. Sua aparência é parcialmente determinada pelo seu ambiente de trabalho. Quando não tiver certeza do que vestir, lembre-se do ditado: "Quando estiver em Roma, aja como os romanos." Vista-se como as pessoas com quem você vai interagir e trabalhar.

77

DEIXE A SUA "PORTA ABERTA"

> *"Grandes líderes nunca se escondem em seus escritórios."*

Para expor o que há de melhor em uma equipe, o líder precisa estar disposto a escutar o que os colaboradores queiram comunicar. Mas cuidado: não é só deixar a porta do seu escritório fisicamente aberta.

Certa vez, orientei uma líder que dizia ser bem acessível, deixando sua porta literalmente aberta. Mas a sua equipe me disse que detestavam conversar com ela. Eles falaram que, sempre que chegavam com ideias, problemas ou sugestões, ela agia como se não tivesse tempo, fazia com que não se sentissem bem-vindos ou ridicularizava os problemas apresentados, sem nunca dizer algo positivo.

Líderes acessíveis fazem com que seus subordinados se sintam à vontade, escutam de modo paciente, refletem e respondem com calma, sem fazer julgamentos. Essa é uma política genuína de portas abertas que ajuda a criar um ambiente de trabalho saudável e positivo:

- Como resultado, as pessoas se sentem valorizadas, motivadas e dispostas a fazer mais esforços no trabalho;
- Cria-se uma cultura de trabalho com cada vez mais franqueza, confiança e transparência, na qual as pessoas se sintam menos inclinadas a ficar em silêncio;
- Haverá menos medo e mais vontade de resolver problemas e dificuldades antes que se transformem em grandes crises.

ENTRE EM AÇÃO

Tenha uma política de portas abertas (mas com limites)
Procure sempre estar pronto e disponível para conversar com os membros da equipe, mas faça com que entendam que isso não significa que

você vai estar sempre, literalmente, disponível toda vez que um colaborador pedir para conversar. Você pode estar ocupado, terminando de redigir um relatório urgente, refletindo sobre um problema ou envolvido em uma conversa profunda com um cliente. Quando estiver em uma situação assim, seja cortês e explique que está disposto a conversar assim que possível, e agende um horário no qual ambos estão disponíveis para sentar e discutir a questão. Não se esqueça de marcar os horários na agenda para evitar assumir dois compromissos ao mesmo tempo.

Não menospreze as preocupações da equipe
Seja cortês e gentil quando um colaborador citar um problema que você pode sentir vontade de dispensar como algo trivial, irrelevante ou com o qual as pessoas estejam se preocupando de modo exagerado. Esconda esse pensamento inicial e escute a sua equipe para mostrar que você valoriza essa contribuição. Você não é obrigado a concordar com eles, mas pelo menos escute. Se não escutar, provavelmente vão parar de se manifestar e compartilhar problemas e questões com você no futuro.

Não "atire" no mensageiro
Quando um membro da equipe trouxer más notícias, tome cuidado para não exagerar na reação, mostrando que ficou irritado ou abalado. Seja grato a essa pessoa por ter dito algo sobre o qual outros colaboradores talvez preferissem ficar em silêncio. Agradeça a essa pessoa por ter a coragem e o bom senso de mencionar o problema, sempre a encorajando a se manifestar.

Não espere que venham até você
Para demonstrar que você é realmente acessível, não espere até que sua equipe tome a iniciativa. Em vez disso, seja proativo e vá ao encontro deles, caminhando regularmente pelo escritório ou pelo chão da fábrica, parando para conversar com os funcionários e perguntando a eles como estão as coisas. Convide-os para irem conversar com você sempre que quiserem.

78

CONHEÇA CULTURAS DIFERENTES PARA NÃO COMETER GAFES

> *"Quando trabalha longe de casa, você é o estranho no ninho."*

No mundo interconectado de hoje, há muitas pessoas que trabalham longe de seus países de origem. É bastante provável que você se apanhe interagindo e liderando pessoas de muitas culturas diferentes, e o potencial de ser mal compreendido, ofender ou criar confusão é muito grande. O que você vê como normal e faz sem pensar pode ser mal interpretado por outros e fazer com que se sintam desconfortáveis ou até mesmo ofendidos. Demonstrar ignorância por diferenças culturais ou menosprezá-las pode facilmente prejudicar sua empresa, sua reputação e sua carreira.

- O ex-presidente norte-americano Barack Obama, certa vez, cometeu uma gafe cultural ao cumprimentar a líder de Mianmar, Aung San Suu Kyi, com um beijo no rosto. Isso é um tabu sério naquele país. Se você fizesse a mesma coisa, poderia perder um cliente importante naquele país devido ao seu *faux pas* cultural;
- Os negócios da sua empresa poderiam ter sido subitamente interrompidos no México se você imitasse Jeremy Clarkson. Certa vez, ele fez comentários tão ofensivos sobre os mexicanos que o embaixador do país em Londres se queixou para a BBC sobre os insultos "ultrajantes, vulgares e imperdoáveis".

Líderes de sucesso aprenderam a se tornar culturalmente sensíveis e a apreciar as várias diferenças que existem em como as pessoas:

- Cumprimentam, se aproximam e tocam umas às outras;
- Expressam que entendem ou concordam com alguma coisa;
- Vestem-se, dançam, viajam, comem e bebem;

- Falam quando estão entre outras pessoas, reclamam, celebram e conversam ou permanecem em silêncio;
- São impactadas por sua religião e seus festivais religiosos;
- Interagem, trabalham e socializam em conjunto;
- Tratam homens e mulheres de maneiras diferentes;
- Questionam e confrontam uns aos outros;
- Tratam horários e prazos de maneira diferente;
- Fazem acordos e promessas.

ENTRE EM AÇÃO

Aprenda sobre as culturas dos colegas
- Quando estiver com um novo colega, cliente ou fornecedor de outra parte do mundo, faça uma breve pesquisa sobre costumes, regras e práticas de homens e mulheres daquele país ou região;
- Peça conselhos sobre o que fazer e o que não fazer usando a internet, aplicativos de celular e lendo livros sobre cultura escritos por especialistas como Geert Hofstede, Richard D. Lewis e Erin Meyer.

Se tiver dúvidas, pergunte e sempre peça desculpas
- Peça às pessoas com quem estiver trabalhando ou viajando que compartilhem informações sobre suas próprias normas, expectativas e tabus culturais;
- Convide-as a compartilhar observações sobre a cultura da qual você faz parte, explicando o que parece similar ou diferente com relação àquela de onde vieram;
- Estimule as pessoas a indicar quando você estiver prestes a fazer algo culturalmente inapropriado capaz de irritar ou constranger os outros;
- Perceba, entretanto, que em muitas culturas as pessoas estão acostumadas a agir com bastante cortesia e nunca vão lhe dizer que você as ofendeu. Você pode ter de descobrir isso pesquisando por conta própria e conversando com outros indivíduos sempre que possível;
- Sempre peça desculpas, de uma maneira culturalmente apropriada, quando causar alguma ofensa.

79

O CLIENTE SEMPRE VEM EM PRIMEIRO LUGAR

> *"Nunca esqueça quem é o verdadeiro responsável por pagar os salários de toda a sua equipe."*

Tudo que você faz como líder está ligado a satisfazer as necessidades dos clientes. O impacto pode ser direto se você estiver no comando de um time de vendas, ou indireto se você e a equipe estiverem apoiando colaboradores que são seus clientes internos.

Satisfazer todas as necessidades deles é a única maneira de ter certeza de manter o sucesso da sua empresa, assim como o seu próprio. Não importa se você é o CEO ou um novo gerente. É preciso garantir que você e a sua equipe sempre tenham um bom desempenho de modo que seus clientes internos e externos recebam continuamente o que esperam e pelo qual pagam.

- Você é o chefe de um departamento financeiro e precisa garantir que a equipe não reembolse despesas incorretamente, atrase os salários nem crie faturas contendo erros. Caso contrário, você vai irritar clientes internos e externos;
- Como gerente de TI, você deve garantir que todos os requisitos de tecnologia dos seus colaboradores sejam atendidos, e que os principais sistemas nunca fiquem off-line. Se não fizer isso, sua empresa pode não conseguir atender os clientes;
- Você chefia um departamento de compras e os preços, a qualidade e a pontualidade dos produtos da equipe impactam o trabalho dos colaboradores na produção e nas vendas, que, por sua vez, impactam os produtos dos clientes externos.

Líderes de sucesso entendem muito bem isso e moverão montanhas para garantir que as necessidades e os desejos dos clientes externos sejam satisfeitos (ou excedidos) de modo que a empresa para a qual trabalham continue a ser considerada um parceiro e fornecedor de valor.

ENTRE EM AÇÃO

Conheça bem os seus clientes
- Sempre se esforce para passar algum tempo com seus clientes internos a fim de entender completamente suas necessidades e expectativas. Considere a importância e o impacto da sua ajuda e apoio, e entenda o impacto quando a equipe demora a agir ou comete erros;
- Seja inovador e criativo para descobrir maneiras de agregar ainda mais valor ao que seus clientes internos precisam para criar e produzir;
- Se os seus clientes internos, por sua vez, servirem a outros clientes internos, entenda cada parte desse *pipeline* (etapas da cadeia de processo de vendas), usando o tempo para conhecer as seções, os departamentos ou os serviços oferecidos pelos seus clientes;
- Entenda seus clientes externos e como eles estão usando os produtos e serviços da sua empresa. Não importa onde você trabalhe — no departamento financeiro, RH, marketing, produção ou com auditorias internas —, tente visitar pelo menos um cliente importante anualmente. E estimule os membros da sua equipe a fazerem o mesmo. Peça a um dos profissionais de vendas que o leve consigo em uma de suas visitas habituais.

80

ESCOLHA SUAS PALAVRAS COM CUIDADO

> "Por que você está chorando? Estou só tentando explicar como você pode fazer um trabalho melhor da próxima vez."

É muito fácil errar no tom ao falar com os colaboradores. Você pode começar com a melhor das intenções, mas logo as palavras escolhidas e o estilo de fala saem do jeito errado e acabam desmotivando, magoando ou até mesmo irritando alguém:

- Você quer ajudar uma colega a entender melhor um problema que ela está enfrentando, mas é acusado de se intrometer e de falar de maneira condescendente;
- Você está encantado por uma nova solução para os negócios que sua empresa pode adotar, mas os colaboradores reclamam que você está ficando obcecado e fanático pela ideia;
- Em uma reunião, você questiona um colaborador em relação à ideia apresentada com a intenção de ajudá-lo a aprimorar o conceito, mas ele tem a impressão de que você não confia nem valoriza suas contribuições;
- Você oferece uma análise crítica embasada na atualização do projeto de uma integrante da equipe, mas depois ela se queixa que você falou como se estivesse irritado e que foi extremamente crítico;
- Você faz uma série de perguntas a um colega sobre por que um prazo importante foi alterado e, em resposta, ele o acusa de fazer um interrogatório a respeito;
- Você faz apenas comentários muito breves ao avaliar o trabalho de uma colaboradora e ela fica irritada, alegando que você não está interessado no trabalho dela;
- Você sugere à equipe uma variedade de maneiras para que eles evitem repetir um erro considerável e, em vez de escutar seus

conselhos, eles têm a impressão de que você está agindo de maneira paternalista e tratando-os como crianças.

Se você ainda não se deu conta disso, as pessoas são muito sensíveis e sempre estão propensas a tirar conclusões precipitadas e presumir que você tem a pior das intenções. Assegure-se de que as coisas que quer dizer são iguais ao que a outra parte realmente ouve, sente e percebe.

ENTRE EM AÇÃO

Conheça sua intenção e a execute de acordo
Antes de conversar com seus colaboradores, pense na intenção e no impacto do que quer dizer. Em seguida, planeje como vai comunicar a mensagem de modo que ela seja claramente entendida, sem que a outra parte a interprete mal. Assim, da próxima vez que você estiver planejando:
- **Apontar um erro ou equívoco:** evite falar de um jeito muito ríspido, crítico e pessoal ao se dirigir às pessoas que podem ser responsáveis pelos problemas;
- **Descrever ou esclarecer alguma coisa:** tome cuidado para não falar por tempo demais e correr o risco de deixar todo mundo entediado, ou falar tão pouco que ninguém consiga entendê-lo;
- **Explorar e compreender melhor alguma coisa:** seja comedido na quantidade e na forma das perguntas que faz a alguém para não passar a impressão de ser um questionador que não confia no que é dito;
- **Dar feedback ou alguma opinião sobre o trabalho de alguém:** se você disser somente algumas palavras, a pessoa pode pensar que você não está interessado ou não a respeita;
- **Compartilhar opiniões ou perspectivas alternativas:** se fizer isso de maneira muito forte ou enfática, as outras pessoas podem achar que você está atacando um colega pessoalmente, e não apenas contestando sua opinião.

Pergunte o que a outra parte está ouvindo e sentindo
Observe a si mesmo enquanto fala, fazendo pausas assim que perceber que está ficando rígido ou extremo demais com as palavras. Pergunte

ao seu interlocutor como ele está se sentindo e peça desculpas quando recear que seu estilo de conversa possa estar passando do limite e causando estragos:

- "Não é minha intenção ser crítico ou ríspido. Espero que você não esteja começando a se sentir irritado";
- "Percebo que estou fazendo muitas perguntas, espero que você não sinta que isso é um interrogatório ou que estou tentando desafiá-lo. Peço desculpas se passei esse tipo de impressão".

81

MOTIVE OS MEMBROS DE SUA EQUIPE PARA PRESERVÁ-LOS

> *"Uma ação ou um pedido mal elaborado pode desmotivar uma equipe inteira."*

É preciso ter muita habilidade para ser um líder capaz de criar e manter um ambiente de trabalho no qual os funcionários chegam à empresa todas as manhãs motivados e com um mindset positivo. É preciso se esforçar bastante para manter a motivação da equipe, pois cada um de nós pode ficar decepcionado e desmotivado pelas mais variadas razões:

- Não recebermos a promoção que sentimos merecer;
- Somos ignorados pelo chefe, que demonstra favoritismo por outros colegas;
- Não conseguir um aumento de salário, apesar de isso ter sido prometido;
- Não receber o reconhecimento por completar um projeto dentro do prazo estipulado;
- Trabalhar durante um fim de semana sem compensação alguma;
- Trabalhar com um chefe negativo e frio;
- Descobrir que o trabalho ficou repetitivo e monótono.

O impacto de ter colaboradores desmotivados pode ter um alto custo para você e para a sua empresa:

- Eles podem até vir trabalhar, mas não terão o interesse e a energia para contribuir de modo pleno. Vão tomar a iniciativa com frequência cada vez menor, não vão mais querer se pronunciar, vão colaborar menos e podem se comportar de maneira negativa. Comportamentos como esses são tóxicos e contagiosos, e transformam rapidamente um ambiente de trabalho produtivo em um local nocivo;

- Eles podem se desligar da equipe e você vai ter de lidar com a perda do conhecimento e da experiência do colaborador em questão, além de usar parte do tempo para encontrar e treinar o substituto;
- Sua reputação pode sofrer se a equipe desmotivada lhe der notas baixas em uma pesquisa de engajamento de funcionários ou em uma conversa de feedback. Além disso, quando pedirem demissão e tiverem a oportunidade de explicar os motivos, seus funcionários podem fazer comentários ruins a seu respeito, o que vai dificultar a contratação de uma pessoa bem capacitada.

ENTRE EM AÇÃO

Ajude sua equipe a satisfazer as necessidades individuais

Cada um de nós possui sete necessidades que, se estiverem satisfeitas, nos deixam altamente motivados e engajados. Sua tarefa como líder é garantir que tudo o que diz e faz ajude a equipe a atender essas necessidades:

- **Necessidade de ser valorizado.** Sempre reconheça o esforço da equipe e agradeça por seu trabalho e contribuições;
- **Necessidade de ter variedade.** Seus subordinados raramente vão querer fazer o mesmo trabalho monótono dia após dia, ficando entediados com facilidade. Sempre que possível, ofereça a eles variedade, como tarefas *ad hoc*, responsabilidade em projetos, oportunidades para viajar ou para trocar de função com outros colaboradores;
- **Necessidade de crescer.** Invista tempo para ajudar a equipe a crescer em termos de exposição, responsabilidades, experiências, leque de habilidades e assim por diante;
- **Necessidade de se conectar com outras pessoas.** Crie um ambiente de trabalho bastante colaborativo, no qual os funcionários são encorajados a interagir, ajudar e apoiar uns aos outros. Apoie ideias para atividades como jantares para a equipe, excursões com as famílias e eventos esportivos;
- **Necessidade de contribuir.** Ajude sua equipe a entender como o trabalho se encaixa no panorama maior de propósito, visão e objetivos da empresa;
- **Necessidade de ter certeza.** A equipe precisa saber o que está acontecendo e o que ela tem que fazer. Os funcionários não vão

gostar daquilo que é inesperado. Sempre comunique seus planos e compartilhe informações abertamente sobre quaisquer mudanças;
- **Necessidade de deixar um legado.** Ajude cada membro da equipe a encontrar um significado no próprio trabalho e a se orgulhar daquilo que executa e cria.

SEMPRE ENTENDA OS NÚMEROS

> *"Todas as questões de liderança envolvem números, de um modo ou de outro."*

Tome cuidado se deseja construir uma carreira longa e bem-sucedida em liderança se o seu conhecimento financeiro for muito básico. Essas duas questões são mutuamente exclusivas, porque todos os cargos de liderança envolvem dinheiro, de um modo ou de outro.

Muitas responsabilidades de liderança estarão relacionadas a finanças e incluem:

- Administrar centros de custos, o que envolve ser responsável por uma série de despesas;
- Definir orçamentos e verbas, comparando com receitas, despesas e gastos de capital do seu departamento ou da sua empresa;
- Criar e executar planos estratégicos e de negócios;
- Entrar em acordo com os seus clientes sobre preços e outros termos financeiros;
- Fazer investimentos em imóveis, capital de giro e no desenvolvimento de novos produtos;
- Fazer auditoria, avaliar e aprovar contas e finanças;
- Contratar novos funcionários e chegar a um acordo sobre sua remuneração;
- Contratar novos fornecedores e negociar os termos de quaisquer contratos.

Você corre o risco de tomar decisões ruins e cometer erros se não entender os impactos financeiros e consequências das suas ações. Líderes de sucesso sabem disso e acumulam conhecimentos financeiros suficientes para se destacar em seus cargos e evitar erros como:

- Perder dinheiro com parceiros inidôneos ou receber cobranças acima do valor de mercado por serviços prestados, ou quando seus funcionários mentem na hora de pedir ressarcimentos por despesas;
- Concordar com orçamentos mal calculados envolvendo clientes ou fornecedores, o que pode resultar em perdas financeiras para a empresa;
- Aprovar verbas, previsões e planos de projetos em que itens importantes estejam faltando.

ENTRE EM AÇÃO

Capacite-se financeiramente
É hora de aprender os fundamentos das finanças e da contabilidade. Felizmente, isso pode ser conseguido facilmente por meio de uma combinação de:
- Fazer, pelo menos, um dos muitos "cursos básicos de finanças" disponíveis em plataformas on-line;
- Ler livros que ensinam fundamentos sobre finanças e o mercado financeiro para gerentes de outras áreas que não a financeira;
- Participar de um curso rápido sobre finanças em alguma escola de negócios ou de uma instituição reconhecida sobre contabilidade;
- Pedir aos seus colegas que são mais focados em finanças e contabilidade que o ensinem a respeito e sejam seus mentores. Peça que o ajudem a entender os diferentes relatórios financeiros e declarações da sua empresa.

No mínimo, procure compreender os seguintes tópicos:
- Relatórios de lucros e perdas, balancetes e relatórios de fluxo de caixa;
- Razão entre lucratividade e capital empregado;
- Cálculos de custo, preço e margem de lucro dos produtos;
- Elaboração de orçamentos e previsões de gastos, incluindo como comparar as receitas reais com previsões de receitas, despesas e gastos de capital;
- Empréstimos bancários e outras fontes de financiamento e dívida.

Se você já é um expert, olhe além dos números
Talvez você tenha estudado sobre finanças e negócios na época da universidade, se qualificado como analista financeiro ou contabilista enquanto trabalhava ou já tenha aprendido sobre finanças e dinheiro em um momento anterior da carreira.

Não caia na armadilha da complacência, tirando os olhos dos números ou fazendo o contrário, concentrando-se somente neles enquanto ignora o impacto humano das decisões financeiras que precisa tomar. Ofereça-se para compartilhar seu tempo e conhecimento ensinando os fundamentos sobre finanças aos colegas que não sejam da área financeira.

83

ABRACE A TECNOLOGIA

| *"Não seja um daqueles luditas que temem a tecnologia."*

Inovações baseadas na internet e em computação de alta velocidade estão causando efeitos em todos os aspectos do seu trabalho e da vida como líder. E é muito difícil ignorá-las:
- Graças aos smartphones com aplicativos como WhatsApp e FaceTime, todo mundo é contatável 24 horas por dia, sete dias por semana, sem custo algum;
- Com estatísticas de dados em tempo real, podemos saber e entender tudo que está acontecendo com nossa empresa assim que algum problema ocorre;
- Com plataformas globais de mídia social e análises de comportamento de usuários, podemos entender preferências, gostos e necessidades dos nossos consumidores em potencial;
- O armazenamento on-line de dados empresariais, incluindo e-mails e transações (entre funcionários, fornecedores e clientes), cria um ambiente no qual tudo está disponível e pode ser monitorado;
- Processos automatizados em evolução, como softwares avançados, robótica e inteligência artificial, estão mudando todos os locais de trabalho, desde escritórios e galpões de armazenamento até fábricas e pontos de venda.

Você vai fracassar como líder se preferir ficar se escondendo de mudanças tecnológicas. Isso acontece quando você decide não aprender sobre o assunto ou quando é relutante em tentar coisas novas.
- Seus concorrentes estarão mais à vontade com a tecnologia e vão ultrapassar a sua empresa;
- O modelo de negócios vai ficar lento e antiquado;
- Seus consumidores serão mais bem atendidos por outros fornecedores;

- Os funcionários vão sentir que a empresa está ficando para trás. Você vai perder oportunidades de carreira conforme os colegas começarem a encará-lo como um "dinossauro".

Você não tem escolha. Abrace aberta e positivamente a evolução da tecnologia.

ENTRE EM AÇÃO

Abrace a alta tecnologia

Tenha a intenção clara de fazer com que sua organização, sua equipe e você mesmo se beneficiem com esse mundo de tecnologias que se transformam rapidamente.

- Aprenda constantemente sobre inovações tecnológicas, soluções, serviços e produtos que podem impactar e/ou ser introduzidos na sua organização;
- Leia artigos na internet, converse com colegas experientes em tecnologia e visite feiras e conferências relevantes. Se você conhece outras empresas que já decidiram adotar uma determinada tecnologia, visite-as também;
- Ofereça-se como voluntário para ser o primeiro a explorar e experimentar novas ideias, tais como quando sua empresa estiver procurando um líder de departamento ou de equipe para testar um novo aplicativo de gerenciamento de relações com clientes ou até uma versão atualizada de alguma ferramenta on-line de gerenciamento de desempenho.

Ajude a equipe a encarar positivamente os choques de tecnologia

Seja um líder que tem uma visão otimista sobre as mudanças e disrupções trazidas por novas tecnologias e estimule a sua equipe a se interessar por inovações e seus impactos. Ajude os colaboradores a entender que devem estar prontos para aprender e se adaptar, encarando quaisquer mudanças como oportunidades de carreira.

Vai ser necessário tomar decisões difíceis

Esteja preparado para algumas decisões e ações custosas, tais como dispensar funcionários como resultado de mudanças na maneira de executar o trabalho devido à tecnologia. Avise essas pessoas com a maior antecedência possível, dando-lhes oportunidades de reaprender, além de apoio na busca por empregos. Se as finanças da empresa permitirem, você pode contratar serviços de coaching ou empresas de recolocação profissional para elas.

Você também precisa fazer um esforço extra para motivar e engajar membros remanescentes da equipe, que vão ficar abalados pela perda dos colegas. Eles podem começar a se perguntar quando e se as suas próprias funções vão ser automatizadas e eliminadas.

84

NEGOCIE SEU CAMINHO RUMO AO SUCESSO

> *"Prepare-se para negociar com todas as pessoas que encontrar."*

Um líder de sucesso é um negociador proficiente, que deve sempre usar suas habilidades de negociação para buscar alinhamento e acordos com muitas pessoas diferentes por inúmeras razões.

Exemplos incluem:
- Com funcionários em relação a mudanças no pacote de benefícios e outras mudanças propostas;
- Com clientes em relação a discordâncias sobre preços ou problemas com a qualidade dos produtos;
- Com fornecedores em relação a datas de entrega diferentes;
- Com uma equipe para decidir como um novo processo deve ser implementado.

Os benefícios de ser um bom negociador, capaz de conseguir acordos e alinhamento com outras pessoas, pode ser substancial. Esses benefícios incluem:
- Evitar conflitos e discussões tensas que podem causar ressentimentos entre você e um cliente, um departamento governamental, um fornecedor, um acionista ou um funcionário;
- Eliminar perdas de tempo e de energia com esperas desnecessárias, mal-entendidos e discussões;
- Poder implementar planos, ideias e objetivos;
- Criar níveis maiores de sinergia, confiança e engajamento, que podem melhorar a satisfação dos clientes, a retenção e o engajamento dos funcionários, além da performance no trabalho com o passar do tempo.

Considerando esses benefícios, não é surpresa que o treinamento em capacidade de negociação seja obrigatório para líderes. No meu trabalho de coaching e mentoria, ajudar as lideranças a aprimorarem suas habilidades de negociação é um pedido comum.

ENTRE EM AÇÃO

Pratique as seguintes habilidades de negociação:
- **Conheça a sua posição**

Antes de se comunicar com a outra parte, identifique aquilo que deseja conquistar, qual é o intervalo de resultados aceitáveis e quanto você pode ser (e está disposto a ser) flexível. Tenha informações relevantes à mão para ajudá-lo a explicar argumentos, sugestões e pontos de vista, e também para conseguir entender a posição do outro lado.
- **Reconheça as diferenças**

Às vezes, pode não ser muito claro para a outra pessoa que um problema precisa ser resolvido. Costuma ser muito útil descrever a situação de forma objetiva, explicando o entendimento que você tem sobre a questão.
- **Escute o outro lado**

Antes de começar a propor soluções, peça ao outro lado que explique como entende a situação, o que observa e o que espera conseguir. Escute o que a outra parte tem a dizer, agradeça pela franqueza e reconheça os pontos de concordância entre vocês.
- **Mantenha as conversas em um nível saudável**

Concorde com o outro lado sobre como o problema será discutido e resolvido. Tente dar um ar mais pessoal, conversando frente a frente, em vez de depender de e-mails e cartas de advogados. Esforce-se para construir uma relação amistosa e de confiança, de modo que sejam tão honestos e francos sobre a questão quanto puderem.
- **Esteja disposto a abandonar as negociações**

Se não conseguirem chegar a um acordo aceitável (ou um ponto satisfatório para ambas as partes), decida quando é a hora de parar de tentar negociar e simplesmente encerrar o contato. Se estiver disposto e puder abandonar as negociações, determine qual é o melhor resultado possível em tais circunstâncias. Às vezes, isso é chamado de "melhor alternativa a um acordo negociado", que vem do inglês, *Best Alternative To a Negotiated Agreement* (BATNA). Por exemplo, se estiver tentando contratar alguém para a sua equipe e não conseguir, o seu BATNA pode ser promover um colaborador internamente ou buscar um candidato em uma empresa-irmã.

85

DEMITA-SE EM NOME DO QUE ACREDITA, SE FOR NECESSÁRIO

> *"É melhor fracassar por causa do que você acredita do que ter sucesso com coisas em que não acredita."*

Nunca cometa o erro comum de permanecer em uma posição de liderança quando é forçado a agir repetidamente de maneiras que vão contra suas crenças, ética ou integridade.

Você pode não saber o que é importante para você até o dia em que estiver em uma situação em que se sente desconfortável e sabe que algo está errado. Isso pode acontecer quando se espera que você e seus colaboradores ajam de maneira alinhada em situações como:

- Enganar clientes, minimizando os riscos à saúde provenientes dos produtos que a sua empresa fabrica;
- Fingir que seus produtos usam embalagens 100% recicladas e biodegradáveis;
- Prometer aumentos de salário e melhores condições de trabalho aos funcionários, mesmo sabendo que isso não vai acontecer;
- Mentir para auditores sobre as receitas documentadas da sua empresa ou despesas que não constam nos balancetes;
- Acobertar casos de assédio sexual ou discriminação racial que ocorrem dentro da sua empresa.

Quando se deparam com problemas como esses, muitos líderes preferem se omitir, dizendo coisas como:

- "Se eu disser o que sei, vou sofrer pressões para ficar quieto e posso até mesmo ser demitido";
- "Se eu pedir demissão, as pessoas vão começar a se perguntar por que saí da empresa. E posso ter dificuldades para encontrar um novo emprego";

- "Talvez eu esteja sendo exigente demais e o problema não seja tão sério assim";
- "Não posso causar muito alvoroço, pois preciso do salário para pagar o financiamento da minha casa e as mensalidades da escola";
- "Todas as organizações passam por problemas similares, então talvez eu deva ficar por aqui mesmo".

Líderes de sucesso nunca agem dessa maneira, fechando os olhos para o que está acontecendo. Eles encontram coragem para manifestar sua opinião e podem até mesmo se demitir e buscar novas oportunidades. E, quando seus valores e ética entram em conflito com aquilo que seus superiores e colaboradores acreditam, eles não permitem que temores e segurança de um emprego os façam abrir mão de suas convicções.

ENTRE EM AÇÃO

Seja franco e busque aconselhamento

Quando for confrontado com uma questão no trabalho que desafie suas convicções, não tenha medo de se pronunciar e conversar a respeito com alguém de confiança. Tente se abrir com alguém que não trabalhe na mesma empresa para evitar a possibilidade de essa pessoa compartilhar suas preocupações com outros colaboradores, o que pode lhe causar constrangimentos.

Pergunte se essa outra pessoa acha razoável aquilo que você sente em relação à determinada questão. Em conjunto, explore possibilidades sobre como responder:
- É melhor ficar quieto ou se pronunciar publicamente?
- É melhor manter-se em seu cargo ou pedir demissão?

Torne-se um delator

Se a sua empresa tem um programa de delações em que pode mencionar problemas de forma anônima, você pode seguir esse caminho para demonstrar sua preocupação sobre determinada prática da companhia. Se isso for um esforço fútil porque seu CEO, superior ou diretoria não agiu após receber as informações e tentou até mesmo acobertar o problema, você pode tomar a decisão de conversar com alguma instituição fiscalizadora do seu ramo de atividade, um *ombudsman* ou uma autoridade regulatória. Se nada disso der certo, você pode entrar em contato com a mídia.

Proteja-se com uma boa assessoria jurídica, devido à alta probabilidade de que, no seu contrato de trabalho, você pode ter concordado com cláusulas de confidencialidade e sigilo.

Encontre um novo cargo de liderança antes de se demitir
Se você sente que pode acabar se demitindo por causa de práticas empresariais inaceitáveis e antiéticas, tente se antecipar e fazer planos, encontrando um novo emprego antes de entregar sua carta de demissão.

86

CRESÇA ALÉM DO ESPERADO

> *"Nunca deixe que outras pessoas impeçam o seu sucesso simplesmente por ser quem você é."*

É chocante saber que 25% dos funcionários no Reino Unido sofreram discriminação no ambiente de trabalho, de acordo com dois estudos publicados em 2018 — um pela Sky plc e outro pela Learnlight. Nos Estados Unidos, um estudo de 2017 revelou que 42% das mulheres enfrentaram discriminação no ambiente de trabalho, enquanto outra pesquisa publicada no mesmo ano revelou que mais de metade da população negra sofreu com discriminação em termos de salários e promoções.

No capítulo 75, encorajei você a ser um líder que nunca age de maneira tendenciosa em relação a outras pessoas. Mas o que acontece quando você se depara com os comportamentos inconscientes ou até mesmo uma discriminação explícita de outras pessoas contra você — que pode até mesmo prejudicar a sua carreira e o sucesso na liderança? Quando estiver em um cargo mais baixo na hierarquia, talvez você prefira ignorar esse tipo de coisa, evitando criar confusões ou dizendo que é um fato isolado. Mas, uma vez que esteja em um cargo de liderança, a discriminação pode ficar mais óbvia e pronunciada. E pode ser impossível ignorar seus efeitos. Por exemplo:

- Ser desconsiderado para uma promoção a um cargo superior de liderança;
- Não ser considerado digno de confiança para liderar um projeto importante;
- Receber um salário menor do que outros líderes com atribuições similares;
- Não ser selecionado para uma entrevista que envolve assumir um cargo de liderança em outra empresa;
- Não ser respeitado e tratado como líder por seus colaboradores ou superiores.

ENTRE EM AÇÃO

Valorize-se
Seja você mesmo e tente quebrar barreiras que possam atrapalhar seu progresso na carreira. Deixe que seus pontos fortes transpareçam no seu desempenho no trabalho e nas interações com os colaboradores.

Quando se deparar com qualquer tipo de discriminação ou viés, investigue calmamente, exponha sua opinião e converse a respeito. Peça às pessoas envolvidas que entendam, se desculpem e mudem. Se os seus superiores e colegas o tratam de maneira desigual, confronte-os, discutindo a questão. Se não responderem de maneira justa e autêntica, considere a possibilidade de pedir demissão e procurar um ambiente de trabalho mais saudável.

No meu trabalho como coach, as áreas nas quais os líderes tipicamente se sentem discriminados são a remuneração e as avaliações de desempenho. Se você sente que recebe um salário menor do que deveria por causa de sua ascendência ou origem, converse com o seu superior e com os colegas do departamento de RH para esclarecer a questão. Pressione-os para receber uma remuneração comparável aos valores que líderes em funções similares à sua estão recebendo.

Se recebeu uma avaliação de desempenho mais baixa do que o esperado, não se precipite ao assumir que isso aconteceu devido a algum preconceito ou discriminação. Essa é uma das possibilidades. Mas pode ser também uma avaliação correta, e você pode ser acusado de tentar desviar a atenção do fato de ser um líder com desempenho insatisfatório.

Ajude outras pessoas a crescerem além do esperado
Se você tem um cargo de liderança e é do gênero feminino, pertence a determinado grupo étnico, religioso ou de origem socioeconômica, ou ainda faz parte da comunidade LGBTQIAP+, torne-se um modelo a ser seguido.

Faça pequenas palestras durante o horário do almoço, seja um mentor ou escreva para o canal interno da empresa, compartilhando os detalhes da sua jornada e as dificuldades que enfrentou para chegar ao sucesso. Isso pode até mesmo encorajar outros colaboradores a se pronunciarem sobre as ocasiões em que as próprias ambições de carreira sofreram devido a vários tipos de preconceitos, e por terem passado por mais obstáculos para chegar onde estão hoje.

NÃO IGNORE O "ELEFANTE" NO MEIO DA SALA

> *"Se não vigiar o elefante, você pode voltar para casa e ver que toda a sua mobília foi destruída."*

Muitos ambientes de trabalho têm questões que não são esclarecidas. Isso frequentemente se deve a pessoas que não querem criar confusão, irritar outras ou encarar assuntos delicados. Se não forem discutidos, tais problemas tendem a crescer e a se espalhar, prejudicando o desempenho da empresa, a cultura de trabalho, a moral dos funcionários e até mesmo a própria credibilidade. Exemplos desses "elefantes" na sala incluem:

• Todo mundo sabe que o seu chefe, o CEO, é grosseiro e insensível na maneira como trata as pessoas que não concordam com ele. Muitos colegas talentosos pediram demissão, mas ninguém toca no assunto por medo de irritá-lo;

• A aquisição de um concorrente pela sua empresa está esgotando os recursos, e não há evidências de que a previsão de diminuição de custos vai se concretizar. Todo mundo está em silêncio para não passar uma imagem negativa e crítica sobre uma estratégica de compra que foi considerada popular;

• Muitos dos seus colegas em posições de gerência estão preocupados com a decisão recente da empresa em terceirizar parte da produção, assim como o possível impacto na qualidade dos produtos e nos prazos de entrega. A questão não é discutida abertamente porque todo o quadro administrativo havia concordado com a decisão, a princípio. Ninguém está disposto a admitir que o grupo pode ter tomado uma decisão errada.

Não importa quanto as questões possam ser desconfortáveis, sensíveis, delicadas ou se sempre foram assim, os líderes de sucesso nunca deixam que elas sejam varridas para debaixo do tapete. Eles reconhecem quando se deve falar a respeito e resolver um determinado tópico, mesmo que isso afete pessoas ou crie tensões.

ENTRE EM AÇÃO

Procure os elefantes em novos cargos que você assumir
Mantenha os olhos abertos para quaisquer problemas dentro da sua própria equipe e do ambiente de trabalho que tenham sido deixados sem resolução pelo seu antecessor, tais como:
- O seu vice ou seu braço direito na empresa vem tendo um desempenho ruim e já devia ter sido demitido há vários meses;
- Sua equipe se dividiu em duas facções, com tensões óbvias e má colaboração. E ninguém se debruçou sobre o problema.

É provável que tais questões sejam relativamente fáceis de serem resolvidas, considerando que você é um recém-chegado e quer estabelecer suas credenciais de liderança e autoridade.

Confirme o que é real
Use o tempo para investigar se o problema é de fato o que parece. Rumores e fofocas tendem a ser falsos, e você pode acabar desperdiçando seu tempo e credibilidade ao enfrentar o suposto contratempo se decidir fazê-lo sem antes verificar a situação.

Reconheça abertamente o problema
Quando confirmar que a situação é real, converse sobre isso com seus colaboradores e peça que compartilhem opiniões e sentimentos. Lembre-se de que alguns colegas podem se sentir culpados por terem causado o problema, para início de conversa, ou por ainda não o terem mencionado e resolvido. Demonstre que a sua prioridade é resolver o obstáculo em vez de olhar para trás e apontar culpados.

Vá diretamente ao cerne da questão
Dedique um tempo para explorar por completo a questão, permitindo que todas as partes impactadas e envolvidas se pronunciem e compartilhem o que sabem. Juntos, entrem em concordância sobre como resolver

o problema e seguir em frente. Pode haver situações em que você precisa encontrar a origem do problema e apontar culpados. Em casos assim, seja firme e esteja pronto para tomar decisões duras quando perceber que alguém precisa de uma repreensão, de um rebaixamento ou até mesmo de uma rescisão de contrato.

88

DESAPEGUE-SE DO QUE VOCÊ NÃO PRECISA MAIS

> *"Não se deixe cegar pela nostalgia. Livre-se de coisas ou pessoas que não são mais produtivas."*

Sente que chegou a hora de fazer uma faxina caprichada para descartar ideias antigas, pessoas, objetivos e processos que não ajudam mais a sua empresa ou a você mesmo a ter sucesso? Isso pode incluir:

- Funcionários com mindsets problemáticos que são resistentes à sua liderança ou que constantemente falam mal de todas as pessoas com quem trabalham;
- Planos e objetivos que já foram importantes para a sua empresa no passado, mas que já estão defasados atualmente;
- Membros da equipe incapazes de cumprir suas obrigações e que, por causa disso, prejudicam colegas de trabalho que dependem deles;
- Processos e sistemas ultrapassados que ainda funcionam, mas que podem ser lentos, passíveis de panes ou que não tenham as funcionalidades e os benefícios mais recentes.

Depois de muitos anos trabalhando em cargos de liderança, você provavelmente deve ter aprendido, por meio de tentativa e erro, a não se apegar a coisas que não lhe sirvam. Mas, quando ainda não se tem experiência na área de liderança, você pode não ter expertise e autoconfiança para agir com a velocidade que deveria. Tente conquistá-las assim que for possível.

Além disso, saber que você precisa se desapegar de alguma coisa pode ser a parte fácil. Praticar realmente o desapego pode ser o desafio, em especial devido à nossa tendência de continuar em nossas zonas de conforto e não querer perturbar outras pessoas.

ENTRE EM AÇÃO

Pondere prós e contras de atualizar os sistemas
Assim que souber da existência de um sistema, processo ou procedimento ultrapassado, converse a respeito com seus colegas e peça a alguém que avalie como ele pode ser atualizado ou substituído. Se a mudança envolver custos, inclua sua equipe financeira, pedindo que façam uma análise de custo-benefício para julgar se as vantagens de fazer a mudança compensam os custos imediatos e contínuos posteriormente.

Reforme seus escritórios
A mesma maneira de pensar deve ser aplicada a espaços físicos, tais como escritórios, depósitos e fábricas, assim como equipamentos como os carros e os computadores da empresa. Pode parecer caro demais reformar um escritório velho e deteriorado, com uma disposição ruim de salas e estações de trabalho. Mesmo assim, talvez valha a pena fazer a reforma. Os benefícios, em termos de melhoria de produtividade e motivação para trabalhar em um imóvel com uma planta mais saudável e moderna, podem justificar plenamente os custos.

Nunca se apegue às pessoas erradas
Pare de se preocupar com a possibilidade de se indispor com um funcionário que pode não estar se encaixando muito bem. Em vez disso, concentre-se em seguir os processos de RH da empresa. Dê ao indivíduo a oportunidade de melhorar (atrelada a um prazo específico). Se ele não conseguir fazer isso, dispense-o. Seja honesto e tente ser o mais justo possível com os termos da rescisão do contrato. Explique para o restante da equipe por que você tomou a decisão de demitir o colaborador. Em geral, eles provavelmente já estavam esperando que isso acontecesse e se perguntavam por que você demorou tanto para agir.

Avalie a relevância de todas as ideias e objetivos
Nas reuniões com a equipe e em outras discussões, adote o hábito de perguntar a colegas sobre quanto são válidas e relevantes as principais hipóteses, maneiras de trabalhar, metas e objetivos em vigência. Decidam juntos quais devem ser eliminadas ou mudadas.

NÃO HÁ TEMPO A PERDER

> *"Não se deixe contaminar pela doença de sempre adiar o que deve ser feito hoje."*

Quando você procrastina e deixa decisões e tarefas importantes para depois, não afeta somente a sua própria produtividade e eficiência, mas também causa um impacto danoso em toda a equipe.

Em um estudo de 2018, publicado no *Journal of Occupational and Organizational Psychology*, uma equipe conduzida por dois pesquisadores da Universidade de Exeter revelou que gerentes procrastinadores fazem com que todos os seus funcionários fiquem frustrados e menos comprometidos com o trabalho. Muitos funcionários começaram a exibir comportamentos pouco saudáveis, como ausência devido a problemas de saúde, condutas abusivas em relação aos colegas e até mesmo o roubo de materiais de escritório.

Uma quantidade enorme de líderes demora para começar a trabalhar em uma tarefa, resolver um problema ou tomar uma decisão por uma variedade de razões interconectadas:

- Estão ocupados ou distraídos por outras coisas que competem por seu tempo e atenção;
- Não estão interessados ou motivados em dedicar seu tempo a essa questão em particular;
- Não têm vontade ou falta-lhes incentivos para começar;
- Presumem que vai ser mais fácil fazer a tarefa depois, quando a proximidade do prazo final os força a completar a tarefa;
- Sentem que ela é complicada ou difícil demais e decidem simplesmente ignorá-la.

Líderes bem-sucedidos entendem a diferença entre saber quando podem se demorar com certos problemas, ao mesmo tempo que sabem que determinadas tarefas precisam ser executadas o quanto antes.

Mesmo que você goste de procrastinar com trabalhos urgentes e trabalhar até tarde da noite na véspera do prazo de entrega de um relatório, lembre-se de que a sua equipe talvez não tenha o mesmo estilo de deixar as coisas para a última hora. Se quiser motivá-los e inspirá-los, pare de procrastinar.

ENTRE EM AÇÃO

Vá até a raiz do problema

Quando sentir a tentação de postergar ou adiar alguma coisa, pare e pergunte a si mesmo se deseja ceder a esse impulso. Pode ser algo particularmente difícil de fazer, em especial se:
- Sua personalidade tende à procrastinação. Por exemplo, se você tiver a tendência de ser mais lento e reflexivo e de evitar tarefas;
- Você precisa superar medos que o impedem de começar, como o temor de não conseguir fazer um bom trabalho, de ter dificuldades ou de fracassar.

Estes podem ser hábitos muito arraigados, mas você pode mudá-los com um pouco de foco, força de vontade e determinação. Se tiver muita dificuldade, procure um terapeuta que possa ajudá-lo a mudar esses padrões de comportamento usando TCC. Você pode fazer essa terapia ao longo de algumas semanas ou meses, por meio de uma série de conversas individuais.

Verifique a sua lista de afazeres e elimine distrações

Para ajudar a mudar seus hábitos de procrastinação:
- Ao final de cada dia, marque o que você conseguiu concluir em sua lista de afazeres e crie uma versão nova ou atualizada, listando tarefas importantes que devem ser feitas no próximo dia. Na manhã seguinte, certifique-se de trabalhar nas atividades que elencou;
- Minimize as distrações que possam fazer com que você procrastine mais facilmente. O que o distrai de modo regular? Verificar com frequência suas redes social ou e-mails? Permitir que as pessoas o interrompam constantemente? Passar tempo demais em reuniões improdutivas?

Pensar não é procrastinação
Lembre-se de, ocasionalmente, dedicar tempo para interromper a atividade em curso, refletir e considerar como lidar com as várias questões relacionadas à liderança. Isso pode dar a outras pessoas a impressão de que você está procrastinando, mas você sabe que não é o caso.

PREPARE-SE PARA FAZER O IMPOSSÍVEL

> *"Cuidado para não desdenhar do improvável, achando que é impossível."*

Só porque uma coisa nunca aconteceu antes, não significa que não acontecerá. A história está cheia de eventos improváveis que abalaram ou até mesmo destruíram empresas e as carreiras dos seus líderes.

- Empresas como Enron, Kodak, Carillion, Lehman Brothers e os restaurantes de Jamie Oliver sofreram choques enormes e foram à falência. Se alguma dessas empresas fosse um fornecedor ou cliente, o fechamento poderia ser devastador para a sua empresa;
- Desastres naturais como incêndios, terremotos, erupções vulcânicas e furacões, que podem causar perda de vidas, destruição de comunidades, interrupção de produção e fechamento de aeroportos são eventos que podem causar grandes dificuldades à sua empresa.

Cada um desses eventos pode ser inesperado, mas eles vêm acontecendo com cada vez mais regularidade. Líderes de sucesso reconhecem isso e estão aprendendo a se preparar e a se planejar para os chamados "eventos cisne-negro", que receberam esse nome depois da descoberta de que nem todos os cisnes são brancos — algo que era considerado impossível até que os europeus viram um deles chegar à Austrália.

ENTRE EM AÇÃO

Pare de ser pego de surpresa

Aceite que o impossível acontece e, em alguns casos, está se tornando lugar-comum. Comece a agir de forma proativa para entender o que pode ocorrer, fazendo análises do tipo "e se...?". Isso envolve explorar cenários altamente improváveis, mas possíveis, de eventos que podem ter um evento catastrófico na sua empresa, tais como:

- O que você faria se o seu principal fornecedor de matérias-primas fechasse as portas?
- O que você poderia fazer se os seus principais mercados para exportação se fechassem devido a um golpe militar ou a um terremoto de grandes proporções?
- Como nos adaptaríamos se o governo mudasse de mãos e todos os nossos benefícios fiscais fossem cancelados?
- Como podemos continuar a servir os clientes se a nossa principal fábrica fosse totalmente inundada pelo rio que passa ao lado?

Para cada evento possível, mapeie como você ajudaria a sua empresa não somente a sobreviver, mas também a prosperar.

Envolva-se ativamente no gerenciamento de riscos
Implemente as medidas necessárias para minimizar o impacto potencial de qualquer evento "cisne-negro". Você pode pensar em diversificar locais de produção, a base de fornecedores ou até mesmo a base de clientes.

Assegure-se de que a sua empresa tem uma cobertura de seguro suficiente para contrabalançar quaisquer instabilidades. Considere contratar seguros para "pessoas-chave", na possibilidade de que você ou outro líder importante venha a morrer ou fique incapacitado. Você pode até mesmo instituir uma regra de que a equipe de liderança, e você mesmo, jamais deve viajar no mesmo avião para evitar a possibilidade (muito remota) de que todos venham a perder a vida ao mesmo tempo.

91

LIDERE EQUIPES REMOTAS COM CUIDADO

"O ditado 'o que os olhos não veem, o coração não sente' é bem verdadeiro quando se lidera pessoas."

Suas habilidades de liderança vão ser testadas quando você receber uma equipe globalmente distribuída para liderar e não tiver mais colaboradores sentados, alegres e felizes perto da porta do seu escritório. Ter colaboradores em diferentes partes do país, ou mesmo espalhados em vários continentes, lhe dá um conjunto de desafios:

- Você não pode simplesmente sair para tomar um café com eles sempre que há algo a discutir ou se quiser saber o que há de novo;
- Alguns membros da sua equipe podem viver em lugares com diferentes fusos horários, reduzindo o número de horas em que vocês estarão trabalhando ao mesmo tempo. Se você estiver em Londres e tiver colaboradores em Hong Kong e São Francisco, vai ser preciso encaixar chamadas no início da manhã para as pessoas que estão na Ásia e no fim da tarde para aqueles que estão nos Estados Unidos. Durante boa parte do seu próprio dia de trabalho, você vai ter de se acostumar com o fato de que boa parte da sua equipe estará em casa, dormindo;
- Você não pode passar pelas estações de trabalho para ver como eles estão e no que estão trabalhando. Em vez disso, vai precisar gerenciá-los enquanto os vê somente por videoconferência ou escutando o que dizem ao telefone;
- Quaisquer funcionários que trabalhem remotamente podem se sentir negligenciados e esquecidos, em particular se é esporádico que você viaje para o local onde eles estão e se é raro que eles venham visitá-lo. Como resultado, podem facilmente ficar desmotivados e dispersos;

- Se respondem a você e também a um gerente local, talvez descubra que a sua influência é menor quando comparada à da liderança que está próxima, que provavelmente tem uma relação mais estreita e face a face com eles.

Liderar equipes remotas envolve reconhecer e superar esses desafios. Para fazer isso, você vai precisar mudar a maneira de se comunicar e trabalhar com a equipe no dia a dia.

ENTRE EM AÇÃO

Selecione a equipe remota com cuidado
Se puder escolher quais membros da sua equipe vão ser realocados para trabalhar remotamente, opte por aqueles que tenham o mindset ideal: pessoas que se sentem confortáveis trabalhando sozinhas e de maneira independente, que tenham iniciativa própria e não precisem de apoio constante ou a confirmação de que estão fazendo a coisa certa. O candidato ideal é alguém com quem você já tenha trabalhado, de modo que vocês dois já conheçam e entendam os estilos de trabalho um do outro e suas respectivas personalidades.

Dê-lhes atenção e cuidados especiais
Equipes remotas precisam de cuidados e atenção extras. Você não pode tratá-los exatamente da mesma maneira que trata a equipe que trabalha no escritório com você. É preciso se esforçar mais para fazer com que sintam que são valorizados e que são membros tão importantes da equipe quanto aqueles que trabalham localmente:
- Ligue para eles sem aviso prévio para perguntar como estão as coisas e simplesmente conversar. O ideal é fazer isso por meio de uma chamada de vídeo, de modo que vocês possam se ver. Ao fazer isso, você vai tentar imitar as conexões casuais e informais que acontecem no escritório quando você passa pela mesa de alguém, ou quando os encontra no corredor;
- Planeje viagens para poder visitar os locais onde eles trabalham e também os traga para visitar o seu, quando possível. Tome cuidado quando for ceder aos pedidos da sua equipe financeira para reduzir custos, fazendo menos viagens. Na minha experiência, o

custo de uma passagem de ônibus ou de avião e algumas noites em um hotel são totalmente compensados pelos benefícios motivacionais e de produtividade quando você se encontra face a face com um funcionário da sua equipe que trabalha remotamente;

- Da mesma forma, apoie e encoraje os outros membros da sua equipe para que mantenham contato regular com os colegas remotos. Quando tiver a oportunidade de criar equipes de projeto, faça grupos mistos com pessoas que trabalham remotamente e outras que trabalham no mesmo local que você.

92

A IDADE É SÓ UM NÚMERO

> *"Imagine ter de gerenciar funcionários que tenham cinquenta anos a mais ou a menos do que você."*

O líder de hoje deve se tornar especialista em liderar pessoas de todas as idades, particularmente porque, pela primeira vez na história, há cinco gerações trabalhando juntas ao mesmo tempo:
- A geração mais antiga, que nasceu antes de 1946;
- Os *baby boomers*, que nasceram entre 1946 e 1964;
- A geração X, nascida entre 1965 e 1976;
- Os *millenials* (também conhecidos como geração Y), nascidos entre 1977 e 1997;
- E a geração mais jovem, que nasceu depois de 1997 e é conhecida como geração Z.

Com as idades de aposentadoria subindo cada vez mais e as pessoas escolhendo continuar trabalhando mesmo depois de aposentadas, é possível que você venha a gerenciar uma equipe formada por funcionários com idades entre vinte e oitenta anos. É como se houvesse avós trabalhando com seus netos, ou até mesmo com bisnetos, cada um com experiências de vida e visões de mundo bem diferentes. Liderar uma faixa etária tão ampla traz oportunidades e desafios bem interessantes.

Quando pensamos em liderar uma faixa etária tão diversificada, temos a tendência de classificar as pessoas, colocando-as em caixas e criando hipóteses bem amplas, como:
- Funcionários mais jovens costumam não gostar de tarefas repetitivas, são mais ágeis e impacientes em relação ao crescimento na carreira;
- Funcionários mais velhos estão acostumados a trabalhar sempre do mesmo jeito, são mais sábios, relutantes à mudança e mais difíceis de motivar.

Essas pressuposições influenciam como nós, os líderes, recrutamos, promovemos, delegamos, motivamos e trabalhamos com nossos colegas. E também afeta como as pessoas dentro de uma equipe trabalham e colaboram umas com as outras. Mas a realidade mostra que nossas hipóteses estão erradas. Isso foi confirmado em uma pesquisa de 2012 que analisou vinte estudos relevantes, envolvendo quase vinte mil pessoas, e concluiu que quaisquer diferenças no desempenho ou no estilo de trabalho eram atribuíveis a fatores não relacionados à idade, e não eram o resultado de nossas pressuposições comuns (pessoas mais jovens são mais rápidas e mais ambiciosas, e assim por diante).

Líderes de sucesso entendem isso e se concentram nos benefícios de ter gerações diferentes trabalhando em conjunto.

ENTRE EM AÇÃO

Supere os preconceitos arraigados
Tenha uma mentalidade mais aberta, observando e entendendo atitudes, comportamentos e ações de cada membro da equipe, individualmente. Você pode se surpreender ao perceber que quaisquer hipóteses que trazia consigo estão simplesmente erradas. Por exemplo: pode descobrir que alguns funcionários mais jovens têm uma sabedoria que vai além da sua idade, enquanto alguns colaboradores mais velhos são mais adaptáveis e ambiciosos do que outros com metade da sua idade.

Estimule seus colegas para que tenham uma mentalidade igualmente aberta e para que sejam observadores. Comece conversando abertamente com a equipe a respeito de suas experiências e percepções sobre trabalhar com pessoas muito mais velhas ou jovens do que os próprios membros. Um questionário anônimo pode ser uma boa ideia para ajudá-lo a compreender o que sua equipe está sentindo ou as situações pelas quais está passando. Por exemplo, pode ser que as pessoas mais jovens não deem ouvidos às mais velhas, ou que os colegas mais velhos pareçam ser lentos e desinteressados.

Remova a idade da equação
Comece a desconsiderar a idade de uma pessoa, ou pelo menos trate essa característica como um fator secundário quando tomar decisões sobre quem vai ser contratado, promovido e quais responsabilidades e

oportunidades você vai dar a cada funcionário. Em vez disso, procure se concentrar em seus pontos fortes, no desempenho real e no potencial de cada um.

Trate como uma vantagem o fato de trabalhar com múltiplas gerações
Diferenças são uma coisa boa, e você deve encarar o fato de ter diferentes gerações dentro da sua equipe da mesma maneira com que encara diferentes personalidades, qualificações ou experiências de trabalho. Ter uma mistura de características é sempre positivo. Pessoas de gerações diferentes trazem insights, maneiras de pensar e experiências únicas; o que um indivíduo deixa passar despercebido ou não compreende direito, outra pessoa pode entender muito bem. Estimule sua equipe a reconhecer isso.

93

GERENCIE O SEU CHEFE

"Às vezes, a pessoa que mais precisa da sua liderança é o seu próprio chefe."

Gerenciar o seu chefe é quase tão importante quanto gerenciar a própria equipe. Isso é o que se chama de liderar para cima. Pode parecer estranho, mas para ter sucesso você frequentemente vai precisar que o seu chefe:
- Entenda e apoie suas necessidades e seus pedidos;
- Ouça e seja guiado pelas suas sugestões e propostas;
- Ajude você a conquistar os recursos necessários e a aceitação organizacional;
- Aja de maneira similar à sua para reforçar suas próprias ações. Por exemplo, ao ser firme com um fornecedor ou pedir desculpas a um cliente importante;
- Apoie você em um conflito ou mal-entendido interno;
- Dê-lhe espaço para agir ou outros apoios necessários.

Para possibilitar tais circunstâncias, você precisa liderar bem o seu chefe para ter certeza de que expectativas, cronogramas, ações e palavras dele estejam alinhados com os seus da melhor maneira possível. A situação é sempre a mesma, mesmo que o seu chefe seja um gerente de linha de produção, um CEO global ou um dos membros da diretoria da sua empresa.

Se o seu chefe for muito reservado ou difícil de contatar, você pode sentir certo desconforto ao liderar para cima. Mas há pesquisas que mostram que esse esforço vale a pena. Um estudo global publicado em 2016 pela *McKinsey & Co*, que entrevistou 1.200 executivos de marketing em cargos de diretoria, concluiu que, para alcançar sucesso nos negócios, é 50% mais importante gerenciar para cima (e também horizontalmente, considerando colegas no mesmo nível de hierarquia) do que gerenciar a própria equipe. Isso se correlaciona com os líderes que oriento. Muitos deles percebem que precisam gerenciar seus chefes ainda melhor do que estão fazendo para conseguir alcançar os próprios objetivos e KPIs.

ENTRE EM AÇÃO

Lidere de maneira não diretiva
Seu chefe pode não gostar que lhe digam o que deve fazer, pois está em um nível superior da hierarquia e não precisa dar ouvidos aos seus pedidos. Se você for exigente e diretivo demais, vai correr o risco de que seu chefe o veja como alguém arrogante e desrespeitoso. A solução é liderá-lo indiretamente com uma combinação que envolve:
- Entender bem o seu chefe, incluindo saber quando ele está mais receptivo a sugestões e saber o que o motiva e o empolga;
- Usar suas habilidades de influência e convencimento para fazer com que ele concorde com algo que, normalmente, estaria inclinado a rejeitar;
- Fazer com que ele se acostume às suas ideias em vez de apenas pedir abruptamente que concorde com sua maneira de pensar;
- Fazer com que ele pense que a ideia que você teve, na verdade, partiu dele.

Se todo o restante falhar, você pode precisar demonstrar firmeza e força. Mas faça isso só quando tiver certeza de que todos os seus argumentos e fatos estão em ordem.

Escolha seus momentos com sabedoria
Com os membros da sua equipe, você tem toda a liberdade para direcionar, guiar e delegar tarefas a eles com a frequência que quiser. Obviamente esse não é o caso com o seu chefe. Seja bastante seletivo em relação a expectativas, ações e compreensão do seu chefe.

Gerencie horizontalmente
Com colegas do mesmo nível hierárquico, evite ser persistente, exigente ou insistente demais. Diferentemente do seu chefe, é menos provável que seus colegas discordem de você. Em vez disso, eles podem fazer queixas sobre você pelas suas costas.

NUNCA SE ENALTEÇA ABERTAMENTE

| *"Não saia por aí alardeando seu próprio sucesso."*

Não importa quanto sucesso você tenha, evite se vangloriar, elogiar e alardear sobre suas próprias realizações. Ninguém se interessa ou se impressiona com isso, exceto você, e elogiar a si mesmo não traz nenhum ganho a não ser enviar uma mensagem de "olhem para mim, sou realmente incrível".

Infelizmente, uma quantidade enorme de líderes não consegue se conter. Em parte, porque eles têm personalidades ambiciosas, arrogantes e competitivas, mas também porque estão muito acostumados a estar sempre certos e a vencer no fim.

Quando oriento líderes assim, percebo que são viciados em querer os holofotes e têm a tendência de pensar que ser discreto e humilde é uma fraqueza. Isso é especialmente verdadeiro entre líderes do gênero masculino, que também parecem conseguir se vangloriar sem consequências com mais regularidade do que suas colegas do gênero feminino. No caso dos homens, nós tipicamente percebemos esse tipo de autopromoção como exibição de autoconfiança, ao passo que, para as mulheres, o mesmo nível de autopromoção é frequentemente rotulado como arrogante, o que reflete a expectativa inconsciente da sociedade de que as mulheres devem ser mais humildes e discretas do que os homens.

Líderes genuinamente bem-sucedidos aprenderam, com frequência, da maneira mais difícil, que não há valor duradouro em se vangloriar, porque:

- O sucesso é efêmero, e tudo que sobe pode cair com a mesma facilidade;
- Buscar adulação e elogios é simplesmente um sinal de insegurança e falta de sabedoria;

- Vangloriar-se não causa reações positivas entre os colegas e não vai lhe trazer amigos.

O segredo é encontrar o equilíbrio ideal entre demonstrar autoconfiança e ser humilde, enquanto também compartilha os sucessos que você e sua equipe conquistaram da melhor maneira possível.

ENTRE EM AÇÃO

Não funcione no piloto automático
Observe a si mesmo: você tem um padrão de comportamento do qual é dependente e precisa mudar? Talvez você seja culpado por sempre se comportar de maneira discreta e humilde e nunca se manifestar ou por sempre agir de maneira arrogante, com excesso de confiança e se vangloriando.

Encontre seu meio-termo feliz
Você precisa praticar e desenvolver a habilidade de saber quando ser humilde, quando demonstrar autoconfiança ou quando enaltecer a si mesmo ou enaltecer a sua equipe. Como regra geral:
- **Seja discreto e humilde** quando o trabalho que você e sua equipe fazem fala por si, quando as outras pessoas já sabem o que foi conquistado ou quando as conquistas estão dentro do esperado ou são pequenas.
- **Aja com autoconfiança** o tempo todo, mas sem se tornar arrogante. Você pode conseguir isso equilibrando a sua autoconfiança com momentos em que admite que cometeu erros, não entende alguma coisa muito bem ou não tem certeza do que fazer.
- **Comemore os próprios sucessos** de maneira discreta e comedida e somente para públicos selecionados. É muito melhor que seu chefe, seus clientes internos e colegas falem coisas boas a respeito do seu trabalho, e isso lhe dá a oportunidade de manter a discrição.
- **Compartilhe os sucessos da sua equipe** regularmente. Com os funcionários, é permissível vangloriar e elogiá-los para lhes dar visibilidade e mantê-los motivados. Sua intenção, entretanto, nunca deve ser puxar os holofotes indiretamente para si, apenas por ser o chefe dessas pessoas.

95

CRIE UMA CULTURA DE TRABALHO INCRÍVEL

> *"Você não é uma ilha, e concentrar-se simplesmente em se tornar um líder excelente não é o bastante."*

Um líder bem-sucedido é aquele que desenvolve uma cultura de trabalho verdadeiramente positiva e saudável. Assim como exploramos no capítulo 78, uma cultura de trabalho descreve as várias maneiras que os colaboradores interagem, se comunicam e trabalham em conjunto, assim como o ambiente que se desenvolve como resultado.

Cultura de trabalho ruim	Cultura de trabalho excelente
• As pessoas têm medo de falar; • Ninguém contesta o chefe; • As pessoas se apressam a fazer críticas e raramente elogiam; • Não é permitido ter horários flexíveis ou trabalhar em casa; • Há um código rígido de roupas aceitáveis; • Há uma expectativa de que todos vão fazer hora extra sem compensação e levar trabalho para casa aos fins de semana; • Todas as promoções de funcionários são baseadas nos anos de serviço.	• As pessoas se comunicam abertamente; • Gerentes são acessíveis e estão acostumados a ser contestados; • Colegas de trabalho agradecem e trocam elogios; • É possível trabalhar em casa e se vestir da maneira que desejar, exceto quando haja encontro com clientes; • Há uma sensação de que o trabalho duro é recompensado, e as promoções são baseadas no desempenho.

Garantir o estabelecimento de uma cultura de trabalho positiva pode ser uma tarefa desafiadora, porque:
- Você não é o único líder na sua organização, e cada um de vocês pode ter visões e opiniões diferentes sobre o que é uma boa cultura de trabalho;
- Um funcionário pode adorar a cultura de trabalho, enquanto outro pode achar que ela é sufocante ou deprimente. Nem todo mundo valoriza as mesmas coisas;
- Se um CEO estiver pressionando para que as coisas sigam em uma determinada direção, pode ser difícil seguir por outro caminho.

ENTRE EM AÇÃO

Afaste-se de uma cultura de trabalho ruim
Nunca fique em uma organização que tenha uma cultura de trabalho horrível e que você acredita que jamais irá melhorar, independentemente de quanto você se esforce. Continuar nessa empresa vai apenas deixá-lo desmotivado e deprimido, além de que você vai ter dificuldade para crescer como líder. Tente trabalhar apenas em empresas em que você:
- Gosta da cultura de trabalho e sente que pode crescer e ter sucesso;
- Sente que a cultura de trabalho precisa melhorar e acredita que, com sua ajuda, ela pode evoluir para uma que é mais motivadora e inspiradora.

Avalie a cultura de trabalho
Trabalhe com seus colegas de RH para fazer pesquisas anuais ou semestrais sobre o engajamento dos funcionários. Use um questionário on-line para isso, que permite que os funcionários respondam anonimamente um amplo conjunto de questões que cobrem todos os aspectos do ambiente profissional. Analise os resultados para entender os aspectos positivos (e os aspectos nem tão positivos) da cultura de trabalho.

Além disso, sempre que tiver oportunidade, converse pessoalmente com seus subordinados e busque ideias para melhorar, perguntando a eles: "Do que você não gosta em relação a trabalhar aqui?" A mesma pergunta pode ser feita em entrevistas de dispensa com funcionários que pedem demissão.

Crie um plano de ação
Decida quais mudanças-chave são necessárias para ajudar a transformar sua cultura de trabalho de modo que todos concordem que ela é excelente, positiva e altamente motivadora, e crie um plano de ação. Envolva seus colegas de liderança e superiores nesse processo, lembrando-lhes de que, como líderes, tudo que cada um diz ou faz impacta a cultura de trabalho.

Pelo menos uma vez por mês, dedique tempo em uma reunião da gerência para avaliar como todos estão modelando a cultura e o estilo de trabalho ideais. Peça a cada líder que compartilhe histórias de sucesso para inspirar e entusiasmar os outros.

SEJA REAL E AUTÊNTICO

| *"Seja você mesmo, não importa o que digam."*

Conforme nos aproximamos do fim das cem lições deste livro, é hora de entrar em ação, encontrar sua voz de liderança e se tornar o líder único que só você é capaz de ser.

Ninguém mais é como você — com sua combinação de valores, personalidade, estilo de comunicação, experiência de trabalho, pontos fortes, ambições e sonhos. Assim, resista à tentação de tomar atalhos ou imitar outras pessoas, como aqueles que lhe servem de inspiração, mesmo que sejam chefes e mentores. Também não aplique literalmente todos os conselhos deste livro, não sem adaptá-los ao seu próprio contexto e necessidades.

É melhor ter dificuldades ou até mesmo falhar ao ser autêntico (como líder) do que copiar visão, objetivos ou estilo de liderança de alguém e ser uma versão pela metade de quem você poderia ser. Agir assim seria tão insatisfatório e contraproducente quanto ter uma BMW esportiva com um motor que não é de uma BMW (e que foi tirado de um sedã de segunda mão). Você nunca conseguiria alcançar todo o seu potencial.

Líderes de sucesso sabem que agir de maneira autêntica lhes garante ser tão eficientes, eficazes, energizados e inspirados quanto possível em seus cargos de liderança.

ENTRE EM AÇÃO

Trabalhe duro para encontrar o seu estilo autêntico de liderança
Liderar de maneira autêntica significa sentir-se confortável dentro da sua própria pele (de liderança) e superar qualquer ideia de que você não tem condições ou que não é digno de ser um líder incrível. Isso é a

síndrome do impostor, e falamos a respeito dela no capítulo 53. Se tiver dificuldade para superá-la, considere a possibilidade de pedir ajuda a um coach ou a um terapeuta.

Tornar-se a pessoa que você realmente é também significa descobrir o que funciona para você e o que não funciona. Faça isso observando continuamente a si mesmo e tome nota sobre suas percepções, tais como:

- Se você não é uma pessoa do tipo agressiva e extrovertida, pense duas vezes antes de tentar agir dessa maneira como líder;
- Se os valores do seu chefe não fazem sentido para você, não aja como se esses também fossem os seus valores;
- Se você tem a impressão de que não funciona o ato de delegar tanto trabalho quanto seus subordinados e chefe sugerem que você distribua, crie o seu próprio plano de delegação.

Além disso, aprenda com mentores, coaches, líderes, livros, cursos, especialistas e outras fontes, mas nunca imite totalmente o que eles fizeram. Use somente aquilo que parece ser útil e aplique com cuidado ao seu contexto e necessidades únicas.

Não esconda suas fraquezas
Uma parte de ser real e autêntico é descobrir que você não é perfeito, e que é melhor ser franco e transparente sobre suas imperfeições e fraquezas. Elas fazem parte da sua essência tanto quanto seus pontos fortes e características positivas, e negar essas fraquezas diminui quem você é.

AFASTE-SE ANTES DE SER EMPURRADO PARA FORA

| *"Todos nós temos prazo de validade."*

Uma quantidade enorme de líderes passa tempo demais nas empresas em que atua e se apega aos seus cargos além do período em que foi mais impactante. Esse apego excessivo pode gerar os seguintes resultados:
- Sua visão, seu estilo e seu modo de pensar podem perder o dinamismo e ficar antiquados;
- Podem ficar intransigentes e não querer escutar, se adaptar e mudar;
- Declínio do apoio e do respaldo que têm entre os colegas;
- Tornarem-se preguiçosos e corruptos, tanto no modo de pensar quanto em suas ações;
- Sucessores potenciais se cansam de esperar e pedem demissão de seus respectivos cargos;
- A empresa começa a passar por dificuldades e perde a direção.

É compreensível que um líder fique no cargo que ocupa, considerando que o poder pode ser viciante. Cargos de liderança podem ser muito agradáveis e ter benefícios consideráveis. E alcançar um cargo de liderança pode ser o ápice da carreira de alguém. Talvez não haja nenhum outro cargo que eles ainda desejem ter. Além disso, nós valorizamos líderes com poder de permanência e que continuam em suas posições durante várias mudanças, ciclos de estratégias e verbas orçamentárias, e assim por diante.

Não existe número ou fórmula mágica para ajudar a saber quando você pode ter passado mais tempo do que deveria no cargo, embora um estudo feito pela *Harvard Business Review* em 2013 tenha calculado que o prazo ideal para um CEO é de 4,8 anos. Isso se correlaciona com as minhas próprias observações de que um intervalo ideal para permanecer em um cargo de liderança fica entre três e cinco anos, dependendo do nível do cargo na hierarquia da empresa.

Assim como não se demorar no cargo, líderes de sucesso também conhecem a importância de sair de seus postos em um apogeu, quando as coisas estão indo bem, em vez de esperar até serem demitidos, forçados a se desligar ou quando não forem reconduzidos ao cargo (no caso de contratos com prazos fixos). Saídas desonrosas como essas são comuns com exemplos famosos, como a ex-primeira-ministra do Reino Unido, Margaret Thatcher; o ex-diretor da Nissan, Renault e Mitsubishi, Carlos Ghosn; Steve Jobs depois do seu primeiro período como CEO da Apple; e o ex-CEO da Uber, Travis Kalanick.

ENTRE EM AÇÃO

Perceba os sinais
Faça uma avaliação anual para verificar se e por quanto tempo você deseja continuar no cargo atual. Pergunte a si mesmo:
- Até que ponto ainda sou necessário e valorizado pelos meus chefes e colaboradores?
- Com o que vou contribuir e o que vou criar no decorrer deste ano?
- Ainda estou me sentindo interessado, energizado e apaixonado pelos desafios deste cargo?
- Ainda há coisas que desejo aprender e conquistar nesta função?
- Há sinais de perigo com os quais preciso tomar cuidado ou que podem me causar problemas (por exemplo, perder o senso de direção, sentir que estou engessado, que as outras pessoas estão se cansando do meu estilo ou começando a discordar demais de mim)?
- Que outras oportunidades me aguardam? Será que chegou a hora de buscar novos desafios?

Converse em reservado com um colega de confiança, amigo ou coach executivo para compartilhar seus pensamentos e ouvir a opinião dele. Ninguém pode lhe dizer o que você deve fazer, mas ele pode ajudá-lo a entender melhor aquilo que está pensando. E isso deve lhe dar a confiança necessária para tomar sua própria decisão sobre continuar no cargo ou planejar um desligamento ou uma aposentadoria e seguir em frente.

Saia pela porta da frente
Quando decidir que é hora de buscar novos desafios, planeje bem a sua saída:
- Atualize seu currículo e comece a buscar outro emprego discretamente. Demita-se somente quando tiver assegurado um novo cargo de liderança, porque é muito mais fácil impressionar novos empregadores e receber a oferta de uma nova oportunidade enquanto ainda está empregado;
- Dedique tempo para escolher e preparar um sucessor, ajudando-o a se preparar para assumir o cargo quando você sair. Este tópico é abordado em detalhes no próximo capítulo;
- Esteja disposto a trabalhar durante todo o seu período de aviso prévio para ajudar a empresa a fazer a transição sem percalços. Entretanto, se você estiver em um cargo alto na hierarquia da empresa ou em uma posição sensível, pode ser requisitado que você se desligue de imediato;
- Saia da empresa de modo positivo. Depois, sempre fale bem do tempo que passou ali, assim como dos seus chefes e colaboradores.

PASSE O BASTÃO

> *"Só um líder tolo se afasta de um cargo sem deixar ninguém para dar sequência ao bom trabalho."*

Embora a maioria dos líderes saiba que o planejamento da sucessão é muito importante, isso raramente é feito da melhor maneira. Como resultado, muitos líderes são promovidos, se desligam das empresas ou se aposentam sem a preparação adequada de candidatos para assumir o cargo. Muitos dos meus clientes de coaching estão ansiosos para encontrar e moldar potenciais sucessores, em particular se não se sentiam preparados quando chegaram aos cargos de liderança que ocupam atualmente.

Saber quem vai ser o seu sucessor e preparar essa pessoa para assumir o seu lugar tem benefícios muito evidentes:

- Você pode passar o tempo preparando e envolvendo o seu sucessor no seu trabalho diário, assim como ajudá-lo a entender sua visão e seu pensamento estratégico;
- Seu sucessor pode assumir sua posição, mantendo a sua cultura de trabalho, visão, valores e direção estratégica;
- A passagem formal das suas responsabilidades será direta e tranquila, em vez de ocorrer às pressas em questão de dias;
- Seus funcionários e outros *stakeholders* podem ser informados e se acostumar com a pessoa que vier a substituí-lo. Isso é mais motivador para eles do que serem simplesmente informados do nome do próximo chefe no dia em que você partir, ou deixar o cargo vago enquanto a procura pelo seu sucessor continua.

O planejamento da sucessão pode ser desafiador por vários motivos:

- Avaliar pessoas não é fácil, e algumas organizações têm sistemas fracos de avaliação de desempenho, o que dificulta a escolha objetiva da pessoa mais adequada;

- Pode não haver ninguém adequado para o cargo devido a processos ruins de contratação, treinamento e desenvolvimento, ou porque um líder evitou treinar alguém para se tornar indispensável (ou seja, ter uma mentalidade do tipo "vocês não podem me demitir porque sou a única pessoa capaz de liderar este departamento");
- Relutância em informar pessoas de que elas não estão entre os potenciais sucessores. Assim, nenhum candidato é selecionado e recebe desenvolvimento e exposição individual necessários.

ENTRE EM AÇÃO

Se um membro da equipe for melhor do que você, aceite o fato
Se você tiver um funcionário na equipe que possa assumir o seu lugar, encare isso como um resultado positivo da sua liderança. Você vai poder delegar grande parte do trabalho para essa pessoa, podendo ser mais estratégico e reflexivo, enquanto ganha mais tempo para motivar e engajar a equipe e cuidar de problemas que poderiam acabar negligenciados.

Planeje antecipadamente e seja objetivo
Trabalhando com os colegas de RH, defina um processo de planejamento de sucessão objetivo e transparente. Garanta que os dados dos seus processos de avaliação de desempenho anuais sejam nítida e objetivamente aceitos e registrados, pois serão a base para as decisões do planejamento da sua sucessão. Em particular, consiga um acordo objetivo com seus subordinados e que abranja:
- Os KPIs, objetivos e avaliações de desempenho da equipe;
- Seu desempenho e potencial para assumir novas responsabilidades;
- Suas motivações, objetivos de carreira e aspirações.

Seja franco e transparente com:
- A equipe inteira sobre quando o seu cargo pode ficar vago;
- Seu sucessor escolhido, para preencher quaisquer lacunas em sua experiência, habilidades e comportamentos que possam fazer com que ele seja finalmente promovido;
- Aqueles que podem ter a esperança de serem promovidos ao cargo que você ocupa, mas que sabe que ainda não estão prontos. Seja honesto, mesmo que o seu feedback possa deixá-los abalados.

Tome cuidado para não assumir uma postura de "que vença o melhor" e encorajar duas ou mais pessoas a competirem entre si. Isso é um desperdício de energia, raramente termina bem e pode resultar na criação de grupos concorrentes dentro da equipe. É muito melhor escolher alguém como seu sucessor e treinar ou encontrar cargos futuros adequados dentro da organização para os outros.

99

CONTINUE LIDERANDO

| *"Uma vez líder, sempre líder."*

Líderes bem-sucedidos não costumam parar de liderar quando guardam suas coisas e saem do escritório no fim do expediente. Eles querem continuar fazendo a diferença, por isso acabam contribuindo com suas habilidades de liderança para:
- Ajudar a liderar uma organização local filantrópica ou comunitária;
- Serem eleitos para o conselho consultivo da cidade ou do município;
- Fazer parte do quadro de governo ou associação de pais e alunos da escola dos seus filhos;
- Facilitar questões de família, como a criação de um fundo de reserva;
- Organizar grupos de escoteiros em sua cidade;
- Serem indicados como diretores não executivos em uma empresa local;
- Ajudar a administrar uma igreja, mesquita, sinagoga local ou centro espírita;
- Fazer parte do comitê de alunos que já não pertencem mais ao grupo de estudantes da sua universidade;
- Administrar uma associação ou comitê de moradores.

Líderes podem assumir essas funções, sejam elas remuneradas ou em caráter *pro bono*, à noite e aos fins de semana, ou mesmo depois de se aposentarem das suas carreiras. Os benefícios para você como líder, ao usar suas habilidades de liderança, são muito importantes (particularmente depois da aposentadoria):
- Manter o cérebro e o corpo ativos nos fins de semana e depois da aposentadoria;

- Ter uma sensação imensa de realização e satisfação em dar auxílio *pro bono* e ver o impacto de seus esforços;
- Encontrar um senso renovado de propósito e significado que advém de ser valorizado além do emprego que você tem (ou tinha).

Agora é hora de descobrir como você pode retribuir e contribuir com liderança dentro da sua comunidade durante seu tempo livre ou na aposentadoria.

ENTRE EM AÇÃO

Se puder ajudar, ajude
Você pode se sentir cansado e esgotado após uma semana inteira no escritório, e relutar em se oferecer para ser um líder nos fins de semana. Isso é totalmente compreensível, mas pergunte a si mesmo se você se sentirá satisfeito em não fazer nada e simplesmente:
- Mandar seus filhos para uma escola que se depara com todo tipo de desafio e, mesmo assim, não querer ajudar como membro integrante do conselho consultivo;
- Frequentar a igreja ou a mesquita toda semana, sabendo dos problemas financeiros com que a paróquia ou comunidade local enfrenta e não fazer nada para ajudar;
- Contribuir com dinheiro para uma instituição de caridade local, mas recusar vários convites para fazer parte do seu conselho consultivo.

Apesar de estar se sentindo exausto, tente, ao mínimo, usar suas habilidades de liderança para retribuir de alguma forma, por menor que seja, oferecendo ajuda ocasional, sem que isso se transforme em um hábito:
- Para uma instituição filantrópica local, ajudando a restabelecer sua estrutura de governança;
- A uma igreja, ajudando em uma iniciativa de arrecadação de doações para construir uma nova torre para o relógio;
- Ensinar habilidades de liderança e servir como mentor para jovens desempregados durante um semestre no centro comunitário local.

Lidere na aposentadoria
Se você está perto de se aposentar, explore possibilidades de usar sua experiência com a liderança e sabedoria quando não ocupar mais um cargo em período integral. Além de continuar ativo e engajado, você pode até mesmo gostar dos novos desafios de liderança em ambientes de trabalho e organizações totalmente novas.

100

DEIXE UM LEGADO SUSTENTÁVEL

"A verdadeira medida da sua grandeza vem daquilo que é deixado depois que você se vai."

Não é o bastante ter sido só um líder notável de quem seus antigos subordinados se lembram com carinho. Você também precisa garantir que o impacto positivo da sua liderança continue por muito tempo depois que você tiver passado por ali. Em outras palavras, o que você cria como líder deve ser sustentável e perene, em vez de apenas uma coleção de sucessos isolados, de curto prazo e momentâneos.

Pense em si mesmo como um líder cuja principal tarefa é plantar sementes, regá-las e cuidar delas, ajudando-as a crescer e a se transformar em mudas. Muito tempo depois que você se for embora, essas pequenas plantas terão crescido e se transformado em árvores gigantescas, com raízes profundas. Para líderes verdadeiramente bem-sucedidos, essas árvores metafóricas incluem coisas como:

• Criar uma declaração de visão e missão que tenha significado para a sua empresa e que vai continuar a guiar seus colegas por muito tempo depois que você tiver passado por lá;

• Ser um exemplo e um modelo a ser seguido, alguém que causa um impacto tão grande que seus comportamentos e maneiras de pensar são repetidos e se tornam parte dos valores fundamentais e da cultura de trabalho da empresa;

• Garantir que sua organização tenha as melhores práticas de *compliance* e diretrizes éticas, políticas de RH e competências de liderança;

• Ser estrategicamente alerta e corajoso o bastante para impulsionar sua empresa rumo a futuros produtos, mercados, tecnologias e maneiras de trabalhar, e que o seu legado seja deixar uma empresa que continua a prosperar por muito tempo depois que os concorrentes tenham fechado as portas.

ENTRE EM AÇÃO

Garanta que suas ações exerçam impacto positivo e duradouro
Antes de fazer qualquer coisa, sempre considere os efeitos a curto, médio e longo prazo de suas ações e escolhas com a intenção de que, seja lá o que você faça, isso não seja focado somente em ganhos a curto prazo, mas que também seja bom a longo prazo. Pode ser difícil saber com precisão e mensurar o impacto e a longevidade das suas ações no longo prazo, mas você provavelmente pode fazer uma boa estimativa e deixar que isso o ajude a determinar suas escolhas.

Como exemplo, suponha que você esteja contemplando a introdução de um novo processo ou sistema que reduzirá os custos este ano, mas que causará dificuldades para que a equipe complete seu trabalho dentro do horário normal, sendo forçada a fazer horas extras não remuneradas toda semana. Você pode decidir não implementar a iniciativa de redução de custos, considerando os impactos contínuos e de longo prazo no equilíbrio entre a vida pessoal e profissional dos funcionários e na sua motivação.

Sempre que enfrentar dilemas assim, pergunte a si mesmo como quer que as pessoas se lembrem de você. Neste exemplo, a escolha é simples: encontrar maneiras de cortar custos ou ajudar sua equipe a se sentir valorizada, engajada e motivada. A resposta que você escolher vai determinar o seu legado. Escolha com sabedoria.

E FINALMENTE...

> *"Seja constantemente sábio, porque aquilo que você escolhe fazer, pensar e praticar a cada dia são os alicerces do líder que você vai se tornar."*

Espero sinceramente que as ideias, os exercícios e as sugestões deste livro o inspirem a entrar em ação. Espero que, ao compartilhar minhas próprias experiências na liderança, assim como as de líderes com quem já trabalhei, esta obra sirva como um guia incrível para equipá-lo com as ferramentas para ter sucesso em sua própria jornada de liderança.

Vá além das minhas cem coisas. Descubra, aprenda, experimente. Crie sua própria lista do que funciona para você como líder.

Eu adoraria trocar ideias. Por favor, entre em contato comigo pelo Facebook, LinkedIn, Twitter ou Instagram. Você também pode conversar comigo através do e-mail nigel@silkroadpartnership.com.

BIBLIOGRAFIA

Capítulo 6
Best Examples of B2B company mission statements. The Marketing Blender [2020]. Disponível em: <https://themarketingblender.com/vision-mission-statements/>. Acesso em: 12 abr. 2022.

Pendell, Ryan. *6 scary numbers for your organization's C-suite*. Gallup, 2018. Disponível em: <https://gallup.com/workplace/244100/scary-numbers-organization-suite.aspx>. Acesso em: 12 abr. 2022.

Capítulo 10
Zenger, Jack; Folkman, Joseph. *What great listeners actually do*. In: *Harvard Business Review*, jul. 2015. Cambridge, MA: Harvard Business School Publishing, 2016. Disponível em: <https://hbr.org/2016/07/what-great-listeners-actually-do>. Acesso em: 12 abr. 2022.

Capítulo 11
Binder, Carl. *The six boxes™: descendent of gilbert's behavior engineering mode*. In: *Performance Improvement 37*, n. 6 (2007). Hoboken, NJ: John Wiley & Sons, 2007. Disponível em: <https://doi.org/10.1002/pfi.4140370612>. Acesso em: 12 abr. 2022.

Capítulo 14
The Ken Blanchard Companies. *The Ken Blanchard Companies* [2020]. Disponível em: <https://kenblanchard.com>. Acesso em: 13 abr. 2022.

Capítulo 17
Servant Leadership. Wikipédia, 2019. Disponível em: <https://en.wikipedia.org/wiki/Servant_leadership>. Acesso em: 13 abr. 2022.

Robert K. Greenleaf. Wikipédia, 2019. Disponível em: <https://en.wikipedia.org/wiki/Robert_K._Greenleaf>. Acesso em: 13 abr. 2022.

Capítulo 21
Friedman, Thomas L. *Thank you for Being Late*. Nova York: Farrar, Straus e Giroux, 2016.

Capítulo 22
The Path to IAC® Certification. Certified Coach, 2019. Disponível em: <https://certifiedcoach.org/certification/>. Acesso em: 13 abr. 2022.

Capítulo 23
Cameron, Kim; Mora, Carlos; Leutscher, Trevor; Calarco, Margaret. *Effects of positive practices on organizational effectiveness*. In: *The Journal of Applied Behavioural Science 47*, n. 3 (2011): pp. 266-308. Thousand Oaks, CA: SAGE Publications, 2011. Disponível em: <https://doi.org/10.1177/0021886310395514>. Acesso em: 13 abr. 2022.

Capítulo 27
Kübler-Ross Mode. Wikipédia, 2019. Disponível em: <https://en.wikipedia.org/wiki/K%C3%BCbler-Ross_model>. Acesso em: 13 abr. 2022.

Capítulo 28
2018 Norwest CEO Journey Study. Norwest Venture Partners, 2018. Disponível em: <https://nvp.com/ceojourneystudy/>. Acesso em: 13 abr. 2022.

Capítulo 30
Batarseh, Feras A. *Thoughts on the future of human knowledge and machine intelligence*. In: *LSE Business Review*, set. 2017. Disponível em: <https://blogs.lse.ac.uk/businessreview/2017/09/20/thoughts-on-the-future-of-human-knowledge-and-machine-intelligence>. Acesso em: 13 abr. 2022.

Rosenbert, Marc. *Mark my Words: The Coming Knowledge Tusnami*. In: *Learning Solutions*, out. 2017. Disponível em: <https://learningsolutionsmag.com/articles/2468/marc-my-words-the-coming-knowledge-tsunami>. Acesso em: 13 abr. 2022.

Capítulo 32
Tuckman, B. W. *Developmental sequence in small groups*. In: *Psychological Bulletin 63*, n. 6 (1965): pp. 384–399. Washington, DC: American Psychological Association,

1965. Disponível em: <https://doi.org/10.1037/h0022100>. Acesso em: 13 abr. 2022.

Bruce Tuckman. Wikipédia, 2019. Disponível em: <https://en.wikipedia.org/wiki/Bruce_Tuckman>. Acesso em: 13 abr. 2022.

Capítulo 35
VIA Character Strengths Assessment. VIA Institute on Character, 2020. Disponível em: <https://viacharacter.org/>. Acesso em: 13 abr. 2022.

Clifton Strengthsfinder. Gallup, 2020. Disponível em: <https://gallup.com/cliftonstrengths/en/254033/strengthsfinder.aspx>. Acesso em: 13 abr. 2022.

Capítulo 37
Nakano, Chelsi. *Presentation Habits Presenters Don't Like to Admit*. Prezi Blog, 2016. Disponível em: <https://blog.prezi.com/presentation-habits-presenters-dont-like-to-admit/>. Acesso em: 13 abr. 2022.

TED: Ideas Worth Spreading. Ted Talks, 2019. Disponível em: <https://www.ted.com>. Acesso em: 13 abr. 2022.

Capítulo 44
Ray, Rebecca L. *CEO Challenges: Global Leadership Forecast 2018*. DDI, 2018. Disponível em: <https://ddiworld.com/glf2018/ceo-challenges>. Acesso em: 13 abr. 2022.

Caprino, Kathy. *The Changing Face of Leadership: 10 New Research Findings All Leaders Need to Understand*. In: *Forbes*, fev. 2018. Disponível em: <https://www.forbes.com/sites/kathycaprino/2018/02/28/the-changing-face-of-leadership-10-new-research-findings-all-leaders-need-to-understand/#888b28f61974 >. Acesso em: 13 abr. 2022.

Capítulo 45
Smart Criteria. Wikipédia, 2019. Disponível em: <https://en.wikipedia.org/wiki/Smart_criteria>. Acesso em: 13 abr. 2022.

Capítulo 47
Sir John Whitmore. Institute of Coaching, 2019. Disponível em: <https://instituteofcoaching.org/sir-john-whitmore-1937-2017>. Acesso em: 13 abr. 2022.

Capítulo 48
Graves, Laura M. *Effects of Leader Persistence and Environmental Complexity on Leadership Perceptions: Do Implicit Beliefs Discourage Adaptation to Complex Environments?*. In: *Group Organization and Management 10*, n. 1 (1986): pp. 19-36. Thousand Oaks, CA: SAGE Publications, 1986. Disponível em: <https://journals.sagepub.com/doi/pdf/10.1177/105960118501000102>. Acesso em: 13 abr. 2022.

Capítulo 56
Niyogi, Shyamalendu. *Impact of optimist on leadership effectiveness: a review of literature. In: International Journal of Management 8*, n. 6 (2017): pp. 1-8. Disponível em: <https://iaeme.com/>. Acesso em: maio 2019.

Thinking positively about aging extends life more than exercise and not smoking. In: *YaleNews*, jul. 2002. Disponível em: <https://news.yale.edu/2002/07/29/thinking-positively-about-aging-extends-life-more-exercise-and-not-smoking>. Acesso em: 13 abr. 2022.

Capítulo 58
Garrett, N.; Lazzaro, S. C.; Ariely, D.; Sharot, T. The brain adapts to dishonesty. In: *Nature Neuroscience 19*, n. 12 (2016). Bethesda, MD: National Library of Medicine, 2016. Disponível em: <https://www.ncbi.nlm.nih.gov/pubmed/27775721>. Acesso em: 13 abr. 2022.

Capítulo 59
Kar-Gupta, Sudip. *Fatigued' Lloyds CEO takes sick leave*. In: *Reuters*, nov. 2011. Disponível em: <https://uk.reuters.com/article/uk-lloyds/fatigued-lloyds-ceo-takes-sick-leave-idUKTRE7A10Y620111102>. Acesso em: 13 abr. 2022.

Capítulo 64
Saporito, Thomas J. *It's time to acknowledge CEO loneliness*. In: *Harvard Business Review* (2012). Cambridge, MA: Harvard Business School Publishing, 2012. Disponível em: <https://hbr.org/2012/02/its-time-to-acknowledge-ceo-lo>. Acesso em: 13 abr. 2022.

Capítulo 67
Responsibility Assignment Matrix. Wikipédia, 2019. Disponível em: <https://en.wikipedia.org/wiki/Responsibility_assignment_matrix>. Acesso em: 13 abr. 2022.

Capítulo 69
The World Is Flat. Wikipédia, 2019. Disponível em: <https://en.wikipedia.org/wiki/The_World_Is_Flat>. Acesso em: 13 abr. 2022.

Capítulo 73
Thompson, Bryant; Simkins, Travis J. *Self-oriented forgiveness and other-oriented forgiveness: shaping high-quality exchange relationships.* In: *Journal of Management and Organization* (2016). Cambridge, MA: Cambridge University Press, 2016. Disponível em: <https://doi.org/10.1017/jmo.2016.18>. Acesso em: 13 abr. 2022.

Capítulo 75
Seiter, Courtney. *7 simple methods to fight against your unconscious biases.* Fast Company, ago. 2015. Disponível em: <www.fastcompany.com/3044738/7-simple-methods-to-fight-against-your-unconscious-biases>. Acesso em: 13 abr. 2022.

About The Iat. Project Implicit, 2011. Disponível em: <https://implicit.harvard.edu/implicit/iatdetails.html>. Acesso em: 13 abr. 2022.

Capítulo 78
Sealed With A Kiss: was Obama's smooch in poor taste? USAToday, 20 nov. 2012. Disponível em: <https://usatoday.com/story/dispatches/2012/11/20/obama-myanmar-kiss-etiquette-travel/1716667/>. Acesso em: 13 abr. 2022.

Capítulo 86
Peat, Jack. *More than 25% of UK workers say they have experienced workplace discrimination, survey claims, Independent*, set. 2018. Disponível em: <https://independent.co.uk/extras/lifestyle/uk-workers-discrimination-office-workplace-sexismracism-ageism-a8559501.html>. Acesso em: 13 abr. 2022.

Learnlight. *Learnlight Research Reveals One in Four Employees Has Experienced Workplace Discrimination. Learnlight Insights*, 2020. Disponível em: <https://insights.learnlight.com/en/articles/learnlight-research-reveals-one-in-four-employees-has-experienced-workplace-discrimination/>. Acesso em: 13 abr. 2022.

Parker, Kim; Funk, Cary. *Gender Discrimination comes in many forms for today's working women. Pew Research Center Fact Tank*, dez. 2017. Disponível em: <https://www.pewresearch.org/fact-tank/2017/12/14/gender-discrimination-comes-in-many-forms-for-todays-working-women/>. Acesso em: 13 abr. 2022.

Poll Finds At Least Half of Black Americans say they have experienced racial discrimination in their jobs and from the police. Harvard TH Chan School of Public Health Press Release, out. 2017. Disponível em: <https://www.hsph.harvard.edu/news/press-releases/black-americans-discrimination-work-police/>. Acesso em: 13 abr. 2022.

Capítulo 89
Workshy Bosses Breed contempt and abuse in the workforce, research shows. University of Exeter Research News, set. 2018. Disponível em: <https://www.exeter.ac.uk/news/featurednews/title_682831_en.html>. Acesso em: 13 abr. 2022.

Capítulo 92
Costanza, David P.; Badger, J. M.; Fraser, R. L. *et al. Generational differences in work-related attitudes: a meta-analysis*. In: *Journal of Business and Psychology* 17, n. 4 (2012): pp. 375-395. Nova York, NY: Springer Publishing, 2012. Disponível em: <https://link.springer.com/article/10.1007/s10869-012-9259-4>. Acesso em: 13 abr. 2022.

Capítulo 93
Barta, Thomas e Patrick Barwise. Why effective leaders must manage up, down, and sideways. *McKinsey Quarterly*, abr. 2017. Leading in the 21st Century why-effective-leaders-must-manageup-down-and-sideways

Capítulo 97
Luo, Xueming; Kanuri, Vamsi K.; Andrews, Michelle. Long CEO Tenure Can Hurt Performance. In: *Harvard Business Review*, mar. 2013. Cambridge, MA: Harvard Business School Publishing, 2013. Disponível em: <https://hbr.org/2013/03/long-ceo-tenure-can-hurt-performance>. Acesso em: 13 abr. 2022.

Capítulo 98
Routch, Kris *et al. The holy grail of effective leadership succession*. *Deloitte Insights*, set. 2018. Disponível em: <https://www2.deloitte.com/>. Acesso em: 13 abr. 2022.

Primeira edição (agosto/2022)
Papel de miolo Pólen soft 70g
Tipografias New Aster LT Std, Nexa Light e Chaparral Pro
Gráfica Bartira